Les Rois Mages
et les
Trois Mondes

© 2022 Francis André-Cartigny
Édition : BoD – Books on Demand, info@bod.fr
Impression : BoD – Books on Demand, In de Tarpen 42,
Norderstedt (Allemagne)
Impression à la demande
ISBN : 978-2-3224-6282-7
Dépôt légal : Décembre 2022

Francis André-Cartigny

Les Rois Mages
et les Trois Mondes

Collection de l'Aubépine - Ouvrage n° 5

Ouvrages du même auteur

La Roue Enflammée de Contz-les-Bains, sous-titré „Rites et langage dans la Vallée de la Moselle" chez Fensch Vallée 2000.

Le Temps de l'Enfance en Lorraine, sous-titré „Pays-des-Trois-Frontières - Sarre - Luxembourg" chez La Geste 2021.

Le Culte des Fontaines et les Hospitaliers de Saint Jean, sous-titré Sierck Résidence des Ducs de Lorraine - Eaux et Sommets aux Pays de Sierck et de Rodemack - Val de l'Altbach-Gander Franco-Luxembourgeois. 2021 chez Bod.

Petite Grammaire Luxembourgeoise. 2022 chez Bod.

Dans, la Collection de l'Aubépine

1. **La Spirale des Cycles** - De la Genèse au Monde Moderne. BOD 2022.

2. **La Spirale et l'Absolu -** Pèlerinages, médiations, miracles et influences spirituelles dans les trois religions monothéistes. BOD 2022.

3. **La Spirale et la Dame du Verger -** Saint Bernard et la Médiation Mariale - St Thomas-sur-Kyll (Trèves) Marienfloss (Sierck-les Bains) - Marie en Islam . BOD 2022.

4. **Introduction aux Paraboles de Jésus.** Textes canoniques et apocryphes de Thomas. BOD 2022.

5. **Les Rois Mages et les Trois Mondes.** BOD 2022.

*

Présentation

Le présent tome clôture la série de la « Collection de l'Aubépine ». La relation de l'humanité avec l'Absolu depuis la chute du premier couple propulsé dans la spirale des cycles constitue le fil conducteur de ces ouvrages. Après avoir évoqué le pouvoir de médiation qu'offrent les Pèlerinages courants ou initiatiques et encore la médiation mariale pour retrouver l'âge d'or, le quatrième tome introduisait le lecteur dans le mystère des paraboles de Jésus, l'annonce du Royaume de la délivrance ici, maintenant et à venir.

Le présent tome traite des Rois-Mages. Venus d'Orient, ils furent fêtés dans l'Europe entière avec le plus grand faste. Ces personnages intemporels ont nourri l'imaginaire des populations durant deux millénaires pour tomber à présent dans le folklore. Les réformes de l'Église Romaine de ses dernières années ont rendu illisibles le sens de ces personnages et les symboles qu'ils « incarnaient » au point d'annihiler leur « utilité » biblique.

Au-delà du mystère qui les entoure, les Rois Mages dont on sait peu de chose, furent certainement la charpente de tout le christianisme et de l'Europe politique elle-même. Leur disparition de la scène médiatique masque « l'apport » de l'Orient à l'Occident.

*

Francis André-Cartigny est originaire de Moselle Thioise. Après une carrière bancaire internationale, il enseigne les langues germaniques et participe à diverses associations d'études historiques et linguistiques. Il publie divers ouvrages d'histoire locale (Vallée de la Moselle germanophone) et d'autres à caractère philosophique dont les cinq derniers ouvrages de la Collection de l'Aubépine.

*

La couverture de ce livre présente les Armes du Saint-Empire Romain Germanique en 1519. Ce dernier par sa structure présentait un rapport certain avec les Trois-Mondes.
Éditions d'Art Derveaux Saint-Malo, offert par le Centre d'Études Historiques du Mans en 2007 à ses membres.

Dédicace

En Moselle, pays de mon enfance, la fête de l'Épiphanie ne donnait lieu à aucun acte festif dans les familles. Cependant les églises de nos paroisses étaient remplies tout autant qu'à Noël. Après l'office les fidèles allaient admirer la crèche fraîchement enrichie des royaux personnages venus au cours de la nuit adorer l'Enfant Jésus. C'était l'occasion de glisser une aumône dans le tronc qu'un ange en terre cuite nous tendait. En signe de remerciement sa tête se penchait grâce à un « mystérieux » mécanisme, ce qui ravissait les enfants. Cette visite familiale à la crèche, simple mais appuyée, valait certainement méditation.

Plus tard ayant quitté mon village pour la capitale, je constatais un comportement inverse chez les fidèles : peu de visiteurs à la crèche, mais une célébration festive au cours de l'après-midi de ce jour particulièrement carillonné, à laquelle venaient se joindre quelques parents et même quelques proches, pour le fameux partage de la galette dite des « rois ». Au cours de ce rituel hérité des fêtes païennes romaines intervenait le partage de la galette au beurre dans laquelle la ménagère avait glissé secrètement la célèbre fève qui désignerait l'heureux roi d'un jour coiffé d'une couronne de carton doré. Tous le saluaient et levaient leur verre de vin pétillant, trinquant à sa santé, comprenons à sa « sainteté ». Cette façon originale de fêter me surprit agréablement. Elle se répétait à diverses reprises au cours de la semaine dans divers cercles familiaux, d'amis et même de collègues de travail.

Que penser de ces deux façons de commémorer la venue des Rois Mages, la première silencieuse à l'église et la seconde plus ouverte et « bruyante » chez soi ? Pour schématiser et simplifier, les usages dans l'Est de la France répondent à une culture germanique, plus intérieure à un moment où la terre loin du soleil traverse le plus profond de l'hiver. Au cœur de la France, les manifestations populaires sont plus latines et appellent le retour d'un Soleil généralement plus proche. Ces deux manières de célébrer rappellent celles qui ont coutume respectivement dans les pays orthodoxes et dans le monde catholique romain. Enfin le partage de la galette n'est pas sans rappeler en quelque sorte la *Barhoka* juive du pain partagé et de l'élévation de la coupe de vin ou encore celui de Melchisédech avec Abraham.

Et de nos jours qu'en est-il ? Que sont devenus nos Rois-Mages ? Cette fête exceptionnelle si populaire disparait peu à peu avec bien d'autres traditions. Elle tenait une place exceptionnelle dans le cœurs de tous. Finalement, non pas écrasée ni banalisée, mais ensevelie par une réforme subtile du calendrier liturgique.

Remerciements à Marie Puech pour son dévoué soutien.

Que contient ce livre ?

Préface de l'auteur

La place des Rois Mages dans le mythe de la mort
et de la résurrection du Soleil

Chapitre premier

La venue des mages

La venue des Rois Mages à Jérusalem
Roi des Juifs ou roi d'Israël ?
Les mages chez Hérode
Excursus - Les songes dans la Bible
Les mages chez la Sainte Famille
La fuite en Égypte
Excursus - Les thèses de Tertullien et d'Origène
Conclusion du premier chapitre

Chapitre deuxième

La Tradition Primordiale et
les Trois Mondes

Abraham et Melchisédech
L'Orient et le Judaïsme
Excursus - La création de la voûte céleste selon le
Rig Veda
Melchisédech et les Rois-Mages
Le *Grand Hum* et le *Namtchouwangdan*
La Tradition Primordiale et le Roi du Monde
Les Trois Mondes - Avant-Propos
Excursus - Théophanies et les Trois Mondes
La théorie des cycles - selon les Vêda

Chapitre Troisième

Les Trois Mondes
dans les religions monothéistes

Les Trois Mondes dans le Judaïsme
Les Trois Mondes en Islam
Les Trois Mondes dans le Christianisme

Chapitre Quatrième

La chute de la Tradition

Les papes renoncent à la tiare
La fin du Saint-Empire - Les conséquences de
l'intrusion de l'écrit dans la Diète
Réflexions finales et conclusion

Postface

Que sont devenus les Rois-Mages ?
Le déclassement des Rois-Mages
Les Douze Nuits de Noël

Ouvrages consultés

*

Table des illustrations et schémas

Préface de l'auteur

La place des Rois Mages dans le mythe de la mort et de la résurrection du Soleil

La fête liturgique des Rois Mages se place dans la suite de l'évènement cosmique du solstice d'Hiver à une douzaine de nuits après celui-ci. En effet le solstice est en quelque sorte le battement zéro de l'année solaire. Symboliquement le Soleil est au plus bas. Il doit remonter la pente à la fin des trois jours solsticiaux et sa croissance à ce moment-là est insignifiante. C'est seulement dans la douzième nuit que la montée en plénitude de l'astre est significative. L'évènement cosmique des solstices est à l'origine du mythe de la mort et du renouveau du Soleil ou à l'origine de la tradition de la venue de la lumière qui atteindra son apogée au solstice d'Été. Et finalement de là nous vient le mythe de la renaissance du Roi par sa mort.

La Saint-Jean-Baptiste du 24 juin repose sur un processus de destruction du Soleil alors que Noël relève d'un processus de germination qui se réalise en douze jours pour éclore à l'Épiphanie.

Les païens fêtaient leurs dieux le jour de leur naissance. Or les chrétiens les raillaient; une divinité par définition est éternelle. Et finalement les anniversaires ont pris le pas sur la fête du Saint Patron de chacun, jour mémorial de leur mort martyre. La nuit est la porte de la mort et de la vie.

*

Au solstice d'Hiver la Terre se ferme au plus fort. L'être s'intériorise et éprouve le besoin de retrouver la chaleur du foyer, alors que son âme s'ouvre au merveilleux et au mystère.... Noël est la dernière nuit du solstice, celle de l'attente de l'imperceptible retour de la lumière. Les douze nuits suivantes, les Douze Nuits Saintes, sont le chemin de rencontre au timide mais généreux retour de la lumière que marque l'Épiphanie comme celle de l'arrivée des Rois Mages. Et les cœurs s'ouvrent à une spiritualité plus objective. Depuis toujours les hommes vécurent ainsi cette transition entre les ténèbres et la lumière dans la diversité de leurs croyances. La « Tradition Primordiale », celle réputée commune aux hommes au début de leur histoire, prit sa source ainsi.

L'antiquité gréco-romaine vénérait en cette période le dieu Dionysos, le *neo helio*, le nouveau Soleil, celui de tout le genre humain : des esclaves, des pauvres et des riches tous appelés à retrouver la lumière ! Dionysos fut également le dieu du vin qu'il faisait jaillir dans la nature. Les fameuses vendanges à la fête des Rois, propres aux régions rhino-mosellanes, faisaient un vin exceptionnel, « le vin de glace », *Köenigswein* (vin des rois) en allemand ou encore *Eiswein* (vin de glace). L'Église célèbre les Noces de Cana à cette période de l'année liturgique de l'Épiphanie. Ce n'est pas par hasard. L'homme en ce discret renouveau retrouve son pétillant avec la perspective du retour de la belle saison. Ce n'est qu'un message d'espoir !

Toutefois le calendrier liturgique fête aussi en cette période de l'Épiphanie le Martyr des Saints Innocents. Le vin est lié au sang, à celui du sacrifice qui plait aux Dieux en retour des biens qu'il prodigua aux hommes. On retrouve ce sacrifice dans les mythes du monde tribal germanique, lequel rapporte qu'un père exerçait le droit de vie ou de mort sur son nouveau-né, à condition que ce dernier n'ait pas encore goûté au sein de sa mère ou à tout autre aliment terrestre. Si le père accordait la vie à son fils, la nourriture de ce monde le rendait mortel d'une mort terrestre et non pas sacrificielle par le glaive du père.

L'enfant avant de naître était fils du Soleil. L'homme ayant perdu, sa mort fut inéluctable et doit sa vie précaire à qui le nourri, c'est-à-dire à la Terre sous l'effet du Soleil et de la Lune.

Parmi d'autres coutumes germaniques anciennes, on relève celle de la recherche du futur chef ou roi de la tribu parmi les premiers nouveaux-nés dans la nuit du solstice d'Hiver. La déesse Nerthus apparaissait dans le ciel sur un chariot tiré par des rennes, tenant une branche de sapin pour guider les hommes dans leur quête à la manière de l'Étoile des Mages venus d'Orient ou encore à la manière des Tibétains partant à la recherche de l'enfant qui incarnera le Dalaï-Lama. L'enfant est intronisé roi au jour de sa trentième année et son règne ne pouvait excéder trois ans. A l'issu de ces brèves années, le roi était mis à mort. La tradition germanique rapporte que la déesse Nerthus apparaissait neuf mois plus tôt aux mères de ces enfants promis à la royauté. Ces femmes restaient vierges.

A Rome au deuxième siècle de nombreux esclaves païens venus de Méditerranée se révoltèrent réclamant vouloir pratiquer le culte de Mithra, dieu solaire fêté au solstice du 25 décembre. Devant l'ampleur des manifestations survenues dans la ville vers l'an 182, les autorités impuissantes à freiner l'ardeur et l'élan des Chrétiens à s'associer progressivement et toujours plus massivement à ce culte du renouveau de la lumière et aux feux de Mithra, les papes vers l'an 354 prirent donc la décision de fêter légalement la naissance du Christ au solstice.

Ainsi l'Épiphanie, la plus grande des fêtes des débuts du christianisme, perdait de son faste au profit de Noël. Les chrétiens des premiers temps fêtaient la résurrection du Christ, la victoire sur la mort, plutôt que sa naissance. Cette décision de célébrer plutôt l'évènement physique de la vie du Christ que l'événement spirituel de son Épiphanie eut des conséquences sur le comportement des chrétiens dans les siècles à venir. L'évènement de la Nativité allait matérialiser Noël si difficile à concevoir spirituellement !

Mithra signifie pluie et présente un rapport certain avec la lumière. La pluie chargée des influences célestes ou spirituelles tombe du ciel sur la terre. Les coutumes païennes se perpétuèrent par osmose avec le christianisme dans une sorte de syncrétisme des premiers temps. Les fidèles de Mithra firent des adeptes jusque dans le Nord de L'Europe. De nos jours on retrouve sur de nombreux édifices anciens les marques de piété du culte du Soleil. Mithra a certainement contribué à favoriser le caractère solaire du Christ.

Les fidèles de Mithra sortaient des grottes au cœur de la nuit du 25 décembre en clamant « La Vierge-Mère a enfanté ! La lumière croît ! » Il s'agissait bien entendu de la Vierge-Mère égyptienne, Isis épouse d'Osiris, mère d'Horus. Les Égyptiens symbolisaient la renaissance du Soleil par un nouveau-né.

Le symbole de la crèche dans la grotte est un classique parmi d'autres croyances. Dionysos naît dans une grotte ou dans un caveau comme tous les dieux de l'antiquité. L'enfant Jésus naquit à Bethléem et il est souvent question d'une naissance dans une grotte. Or cette localité possèderait un bois nommé « le lieu d'Adonis, » dans laquelle on célébrait la mort de cette divinité.

Ainsi l'Épiphanie célébrée les 5 et 6 Janvier perdait déjà de son importance vers l'an 354 pour tomber très progressivement en désuétude de nos jours ! Noël fêté au solstice d'Hiver, la Saint-Jean-Baptiste en revanche est célébrée au solstice d'Été le 24 juin. Les deux fêtes se placent en perspective l'une de l'autre. Cette période courte de trois jours marque une pause dans la montée du Soleil avant que la Terre ne reprenne une inclinaison inverse, entrainant respectivement l'augmentation de la durée d'ensoleillement ou sa diminution. La portée symbolique des solstices est d'importance par ses effets cosmiques sur la vie terrestre.

Qu'il faisait bon veiller dans l'obscurité, dans l'attente des premiers coups de cloche annonçant la Messe de Minuit de Noël ! Celle-ci, à notre époque, n'est plus que l'aboutissement d'une course étourdissante pour une grande nuit de la consommation.

Avant de quitter la maison pour l'église les gens modestes de la terre visitaient une ultime fois l'étable, cette crèche géante et naturelle. Les vaches paisibles sommeillaient et les veaux surpris sursautaient et tentaient de se redresser maladroitement, hébétés par la visite imprévue de leurs maîtres. Les bœufs encore debout, calmes et sereins et le chien fidèle gardien s'étonnaient de cette irruption tardive de la famille. Selon le *Rig-Veda* : « *Agni, dieu hindou du feu, naît parmi les vaches et les bergers* ». Pour ce moment délicieux passé à l'étable combien emportait l'odeur de la crèche à l'église, bien vite dissipée par l'encens !

Et voici l'instant solennel ! Au milieu de la nuit la plus profonde de l'année, le prêtre précédé des servants de messe venant de l'extérieur de l'enceinte de l'église, entre dans celle-ci éclairée soudainement par toutes ses lumières. Le curé tient l'Enfant-Jésus dans ses mains comme un cadeau qu'il présente au village rassemblé. Arrivé devant la crèche il y dépose le divin bébé. C'est Noël à présent ! Cette nuit, selon la tradition populaire, sera celle des miracles : « l'eau se transforme en vin, les portes peuvent parler et seuls les innocents peuvent comprendre. »

La Nuit Sainte nous rappelle que l'enfant possède en germe toute la richesse et toute la connaissance ! Dans les langues germaniques, le mot « enfant » *Kand* ou *Kind* est du genre neutre et ce mot possède un lien lointain avec ce qui fut le sacré du temps des langues primitives. Les pays germaniques ont hérité d'une vision différente des pays latins des évènements solsticiaux. Le caractère solaire a enveloppé cette fête anniversaire de la naissance du Christ. L'ancienne Germanie fut marquée par bien d'autres traditions tribales surprenantes.

Le caractère solaire de cette fête justifie le rituel de l'allumage du feu pour l'occasion. La tradition de la bûche de Noël symbolise le bois choisi avec soin neuf mois avant l'évènement, pour être flambé dans les foyers des maisons du village au cours de la Nuit de Noël.

Le Père Noël, c'est le Père Nouveau (*Noe*=nouveau). C'est un gnome de jardin « géant » si nous osons dire. Il arrive la nuit, comme les généreuses fées, quand dorment les enfants. Le Père Noël c'est l'héritier du « *Wintersmann* » germanique, la représentation hivernale du dieu de la Nature. Il est coiffé de rouge et de blanc, couleurs de Noël et des pays alémaniques, comme son manteau et ses bottes de cuir rappellent l'aspect du prince des gnomes du petit monde. Ces gnomes distribuaient dans les traditions anciennes des richesses et de merveilleux joyaux. La fortune vient en dormant nous dit-on, elle descend du monde subtil comme la pluie ! Comme les fées, ce curieux personnage moderne arrive à minuit.

Les Rois Mages tiennent dans la liturgie de la naissance de Jésus une place essentielle, celle de le reconnaitre comme le nouveau Soleil, celui qui va éclairer le monde.

Chapitre premier

La venue des Mages

1
La venue des Rois Mages à Jérusalem

La venue de mystérieux personnages sortis d'un conte oriental des « Mille et une Nuits », se résument dans les textes évangéliques à quelques lignes laconiques rapportées par le seul évangéliste Matthieu. Des visiteurs étrangers se présentent soudainement à Jérusalem à la recherche du Roi des Juifs qui vient de naître :

> *Jésus étant né à Bethleem de Judée, aux jours du roi Hérode, voici que des mages d'Orient arrivèrent à Jérusalem, disant : Où est le roi des Juifs qui vient de naître ? Car nous avons vu son Étoile à l'Orient et nous sommes venus l'adorer.* Mat 2. 1-2.

Matthieu utilise une formule particulière aux Évangiles lorsqu'il s'agit de récits allégoriques (1) propres aux orientaux : « *voici que des mages...* » Sans vouloir mettre en doute les saintes écritures, loin de là, ce début de récit nous plonge dans une ambiance proche de la fiction. Nous verrons ultérieurement les raisons profondes qui ont engagé le rédacteur du premier

---

(1)Selon le Littré : Mode d'expression consistant à représenter une idée abstraite, une notion morale par une image ou un récit où souvent (mais non obligatoirement) les éléments représentants correspondent trait pour trait aux éléments de l'idée représentée.

Évangile à utiliser cette manière d'exposer un évènement se rapportant à l'enfant Jésus nouveau-né. Cependant le caractère merveilleux de l'épisode des Rois Mages explique qu'une part de la population puisse encore de nos jours rêver à propos d'un épisode évangélique. Celui-ci donne lieu à nombre d'ouvrages littéraires, parfois même sous la forme de bandes dessinées.

Le lecteur connaît généralement l'histoire des Rois Mages. La galette partagée à la période de l'Épiphanie en famille ou au bureau, témoigne d'un rituel traditionnel ancien et d'une occasion de marquer les « fêtes de fin d'année ». Tout le monde sait que les mages sont à la recherche de Jésus pour l'adorer et pour déposer à ses pieds de somptueux cadeaux. Cependant attardons-nous un instant sur cette arrivée fracassante d'étrangers dans la capitale de la Judée, le royaume d'Hérode. Ils désirent rencontrer le Roi des Juifs et Matthieu souligne le ton utilisé pour le faire savoir à la cantonade ! Et l'affaire peut paraître cocasse, qu'ils crient ainsi à qui veut l'entendre, l'objet de leur visite, alors que dans la petite ville de ces temps, Jérusalem, le Palais du Roi de Judée, devait se situer à quelques pas de leurs chameaux : *Où est le roi des Juifs qui vient de naître ?* La population s'étonne. Hérode aurait-il eu un enfant, un héritier ? Qui des spectateurs de la rue pouvait se douter que ces voyageurs cherchaient un bébé « anonyme » qui venait de naître ? Et de rajouter à la population médusée : *Car nous avons vu son étoile à l'Orient et nous sommes venus l'adorer !* Alors, on s'attroupe autour de la caravane, stationnée certainement parmi d'autres, des commerçants venus d'Iran ou même de plus loin, vendre mille choses. Quelle histoire ! Ces mages voudraient-t-il adorer le fils d'Hérode ? De quoi s'agit-il ?

Visiblement ces personnages à la quête d'un petit roi semblent crédibles dans les circonstances actuelles où tout le monde attend quelque chose du ciel.

Or dans une petite ville, bien que sainte, connue et vénérée dans tout l'Orient d'alors, soumise à l'occupation Romaine, tout se sait et les « agents de renseignements » alertent le Roi Hérode lui-même de cet évènement peu banal. En ces temps-là le merveilleux et le religieux se partagent la vie quotidienne.

La Judée était placée sous le protectorat, voire plus, de l'Empire Romain. Le pouvoir impérial avait nommé à la tête de cette « province romaine » un préfet : Ponce Pilate. Le trône d'Hérode et ses pouvoirs restaient soumis au contrôle de Rome. Hérode se trouvait dans une position inconfortable, politiquement parlant. Aussi la naissance d'un roi des Juifs l'inquiéta. Il voulut en savoir plus.

Le bassin méditerranéen de cette époque était instable. Rome vivait dans une sorte de paranoïa politique et mystique. Le culte de l'Empereur cimentait l'unité de l'Empire. Mais la population romaine devenait de plus en plus superstitieuse et méfiante. Alors que toutes les religions non romaines étaient interdites dans tout l'Empire, seul le Judaïsme restait autorisé. Celui-ci représentait une véritable religion par son histoire et sa morale qui manquait tant à l'empire du moment, et par sa structure et son Temple. Le judaïsme faisait peur aux religieux romains. Ponce Pilate le montrera plus tard, quand on lui présentera à son jugement Jésus. Il rejettera sur les Juifs la responsabilité de la mort du Christ.

Ainsi la Judée restait sous étroite surveillance romaine. En effet l'« annexion romaine » était loin d'être acquise par la population, la religion juive considérait la Terre d'Israël appartenant à Dieu seul. En résumé les Romains craignaient les troubles d'ordre politique, sachant que le peuple attendait un Messie et celui-ci, selon les prophéties, était roi et devait délivrer Israël de tous ses ennemis. Une courte lecture des Psaumes de David le confirme. Aussi la naissance d'un Roi Juif interpellait tout le monde. En effet dans la liturgie d'avant Vatican II, toutes les vêpres du Dimanche commençait par le psaume 109 (Vulgate) :

Dieu a dit à mon Seigneur : « Assieds-toi à ma droite, jusqu'à ce que je fasse de tes ennemis l'escabeau de tes pieds. » (1)

Hérode allait convoquer ces étrangers. Cet homme également paranoïaque et mégalomane, n'en n'était pas moins érudit en matière d'histoire et de religion d'Israël, malgré sa vie contraire aux commandements divins. Une affaire de voyageurs étrangers, ayant les moyens de traverser l'Orient pour venir trouver le nouveau roi de Juifs méritait que l'on s'y intéresse en qualité de Roi de ce royaume.

Ce qui impressionna certainement Hérode à propos de ces mages orientaux réputés pour leur haute connaissance métaphysique et scientifique, c'est qu'ils prétendaient avoir « *vus son Étoile à l'Orient* » dans leur pays et qu'ils avaient suivi sa course pour « *venir l'adorer (le nouveau-né)* ».

Dans cette affaire le « phénomène de l'étoile » fut l'élément clef de la convocation des mages. Le pape Benoît XVI, dans son livre « Jésus de Nazareth » (2) aborde les prédictions astrologiques de l'étoile de Balaam et des Rois-Mages. Le souverain pontife décrit lui-même le phénomène de la conjonction astrologique en s'interrogeant sur la nécessité d'interpréter cette projection astrale sachant que :

> « *Selon Flavius Josèphe : De Tacite à Suétone, circulaient des attentes selon lesquelles de Juda serait sorti le dominateur du monde. La conjonction astrale des planètes Jupiter (L'étoile de la plus haute dignité babylonienne) et Saturne (celle-ci représente le peuple Juif) dans le signe zodiacal des Poissons, advenue dans les années 7- 6 avant J.C. - retenue aujourd'hui comme le vrai temps de la naissance de Jésus, aurait été calculable pour les astronomes babyloniens et leur aurait indiqué la terre de Juda et un nouveau-né « roi des Juifs ».*

---

(1) L'escabeau représente pour un souverain l'assise de son pouvoir acquis sur ses ennemis.
(2) Josef Ratzinger - Benoît XVI - L'Enfance de Jésus – Flammarion.

Finalement Hérode avait certainement connaissance de tels évènements astrologiques. Mais y pensait-il, peut-être le sachant jaloux de son trône. Et voilà que des témoins oculaires se présentent au cœur de la ville pour venir adorer un enfant, roi des Juifs. Cette nouvelle le fait sursauter, quoi de plus naturel, d'autant plus que ce sont des païens qui souhaitent adorer un roi Juif divin et de plus un « Dominateur du monde » ! Cela nous paraît peu banal. Et pourtant, les mages sont des orientaux et ils ne sont venus exposer un « conte de fée » à la population juive ! Ceci représente peut-être le fait le plus marquant de l'épisode évangélique : le premier élément clef de l'évènement. Nous reviendrons amplement sur cet aspect.

En astrologie l'étoile Jupiter en hébreu est désignée sous le vocable *Tzedeg*, ce qui signifie « Le Juste ». On retrouve dans l'orthographie ancienne du nom de Melchisédech, *Melkitzedeg*, cette désinence *Tzedeg*, la première partie étant *Melki* est traduite par « roi ». En résumé Melchisédech signifie le Roi de Paix et de Justice. Somme toute, cette conjonction astrologique annonçait sans aucun doute la venue d'un Roi de Paix et de Justice, sachant que la Paix s'obtient souvent par la guerre et la paix sous-entend une juste réparation : Justice.

Cette affaire astrologique rapportée par les mages en pleine ville inquiète vraiment le Roi Hérode, sachant que la ville de Jérusalem, la ville de la Paix est fondée par Melchisédech, le Roi de Paix et de Justice dont la Bible fait référence à la Genèse.

Il veut en avoir le cœur net et tout savoir. Il fera venir secrètement les mages à son Palais .

*

2
Roi des Juifs ou roi d'Israël ?

Avant de convoquer les Rois Mages à son palais le roi Hérode demande à ses conseillers, les scribes et les grands-prêtres de Jérusalem, de scruter les prophéties d'Israël afin de connaître le lieu de naissance de celui que les mages nomment le « Roi des Juifs ». A ce sujet Matthieu dans son évangile écrit :

Il assembla tous les grands prêtres et les scribes du peuple, et il s'enquit auprès d'eux où devait naître le Christ.

Nous passons dans les Évangiles, sans transition, du Roi des Juifs au Christ. Faut-il comprendre que chacun comprit d'emblée que ce « Roi des Juifs » fut Jésus, le sauveur ? Or les prophéties de Balaam (1) citées par Benoît XVI évoquaient plutôt un *roi guerrier* sans faire allusion au Christ ou au Sauveur.

Oracle de Balaam, fils de Béor,
Oracle de l'homme ... qui connaît la science du Très Haut :

---

(1)Balaam *établit un oracle sur la naissance lointaine d'un roi libérateur pour Israël et une* '*etoile annoncera sa naissance : Nombres 14.17 -19.96.*
Balaam, prophète païen en Mésopotamie est mandaté par le Roi de Moab, Balak, pour maudire les Israélites traversant le désert sur ses territoires en route vers le Pays de Channan (Nombres 22-24). Mais en chemin un ange tenant une épée à la main empêche la monture de Balaam, une ânesse, d'avancer. Dieu lui ouvre alors les yeux et Balaam finalement bénira trois fois le peuple d'Israël : Deutéronome 23. 5-6, Josué 24. 9-10-Néhémie 13. 2-Michée 6. 5.

Je le vois, mais non comme présent ;
Je le contemple, mais non de près.
Un astre sort de Jacob,
Un sceptre s'élève d'Israël.
Il brise les deux flancs de Maob,
Il extermine tous les fils du tumulte.

Il convient de noter que Balaam évoque le « Très Haut », ce qui signifie Dieu (Allah), comme le fit Melki-Tsedeq, et ceci mérite d'être souligné.

Le chanoine Crampon, le traducteur-rédacteur de ce texte biblique renvoie le lecteur à la note suivante :

> « *Un astre symbole naturel de la grandeur et de l'eclat d'un souverain. De là la croyance de l'ancien monde, qui fait lever une étoile à la naissance ou à l'intronisation des grands rois. C'est seulement dans la personne du Christ que l'étoile de Jacob s'est levée pour le monde ; mais l'astre, ou plutôt le météore qui guida les sages de l'Orient jusqu'à la crèche de Bethléem (Math, II, 1-11), n'en est pas moins en relation intime avec notre prophétie. Sans doute, ce n'est pas lui que le fils de Béor vit briller dans un lointain avenir ; mais ce météore fut pour les mages comme un signe sensible par lequel Dieu leur fit connaître intérieurement que le Roi des Juifs, sauveur du monde, dont l'etoile de Balaam était le symbole, venait de naître.* »

L'évangéliste, Matthieu, ne laisse donc aucun choix au lecteur : Il s'agit du Christ. Ces textes ayant été rédigés bien après la mort et la résurrection de Jésus, on aura admis qu'il s'agissait de Jésus. Cependant, sommes-nous sûrs que ces mages, des païens certes, avaient cette même vision du Christ Sauveur, sans vouloir contredire l'Évangile ? Nous verrons qu'une telle hypothèse est envisageable. Revenons à Hérode.

---

(1)Le tribut rendu à César dans « Introduction aux paraboles de Jésus » par Francis André-Cartigny tome 4 de la Collection de l'Aubépine.

Le roi attendait le rapport de ses conseillers et les conclusions de leur examen :

Ils lui dirent : À Behléem de Judée, car ainsi a-t-il été écrit par le prophète : « Et toi, Bethléem, terre de Juda, tu n'es pas la moindre parmi les principales villes de Juda, car de toi sortira un chef qui paîtra Israël, mon peuple.

Qu'entendons-nous par paître ? Est-ce ce même « *paître* » que Jésus dit trois fois à Pierre lors d'une de ses brèves apparitions après sa résurrection : « *pais mes brebis !* » Il s'agirait d'un Pasteur et non pas d'un roi guerrier, d'ailleurs Jésus l'a bien démontré, l'épisode du denier à César est très significatif à ce sujet. (1) Nous sommes à présent dans une petite confusion entre « Roi des Juifs », « Roi d'Israël », le « Christ » et le « Messie ».

Les mages arrivés à Jérusalem réclament le Roi des Juifs. Or un juif est celui qui vit dans le Royaume de Juda, la Judée. Hérode était-il roi des Juifs ou Roi de Judée ? Cette subtilité moderne de la royauté existait-elle à cette époque ? Toujours est-il que Jésus fut présenté au jugement de Ponce Pilate pour s'être proclamé « Fils de Dieu ». Ponce Pilate haut-fonctionnaire de l'Empire Romain, formé à la science de la religion romaine et à la métaphysique grecque, prend conscience du sens de la « royauté » de Jésus selon les principes universels du « royaume intérieur ». Le fonctionnaire romain pose cette question à Jésus : « *Alors, tu es roi ?* », Jésus répond « *Tu l'as dit, mais mon royaume n'est pas de ce monde* ». Pilate, contraint par les circonstances de l'instabilité politique en Palestine, concède à faire crucifier Jésus face aux invectives et aux menaces du *Sanhédrin* (1). Toutefois, Ponce Pilate tient à souligner cette royauté de Jésus, dans le sens que l'envisageaient les Rois-Mages arrivant à Jérusalem, en ordonnant l'inscription sur la tablette clouée sur la croix, le texte

(1)Tribunal de vingt-trois membres chargés des affaires criminelles et des violations de la Loi juive, qui siégeait dans les principales villes de Palestine. »

suivant : « *Iesvs Nazarenvs, Rex Ivdæorvm* », c'est-à-dire : « Jésus, *le Nazaréen, Roi des Juifs.* »

Cependant Benoît XVI dans son livre « L'Enfance de Jésus » précise à ce propos :

> « *C'est une expression typiquement non hébraïque* (Roi des Juifs). *Dans le milieu hébraïque on aurait parlé de « Roi d'Israël ». De ce fait, ce terme « païn » de « Roi des Juifs » revient seulement dans le procès de Jesus et dans l'inscription sur la Croix, utilisé deux fois par le païen Ponce Pilate.* »

Se pose une question. Si Ponce Pilate fait inscrire INRI évoquée ci-dessus, cela n'est pas sans raison. Dans son esprit, il s'agit bien d'un roi sollicité et attendu du peuple et il ne prend aucune initiative pour étendre à l'ancienne Israël cette souveraineté ou si l'on préfère la reconstitution du grand Israël que craint Rome. Avait-il eu connaissance de l'épisode des « mages venus » à Jérusalem ? Probablement.

Par sa situation géopolitique médiane entre l'Égypte et la Mésopotamie, la Palestine subit au cours des siècles de nombreux conflits. Le peuple fut mêlé à de nombreuses cultures en dehors de la Galilée et ce phénomène s'amplifiera avec l'extinction du Royaume de David en 722 avant J-C. Plus tard le Royaume de Juda s'éteindra à son tour en 587 avant J-C. Le phénomène migratoire structurel dans cette région entrainera un vaste mouvement d'exil vers l'Empire Romain ou vers l'Empire Iranien. Ce phénomène remarquable en Judée sera commandé par le commerce, la situation précaire des populations et les risques de déportation. Ces évènements structurels contribueront à l'établissement d'une diaspora juive importante. (1)

Au deuxième siècle avant J-C, le pays devient une sous-domination romaine, un état vassal de l'Empire. De l'an 4 à 66,

(1) Diaspora signifie « dispersés sociologiques ».

la Judée et la Samarie sont placées sous des autorités politiques différentes de celles de la Galilée. Ponce Pilate n'est préfet qu'en Judée de 26 à 36. Jésus a donc vécu la plus grande partie de sa vie dans la tétrarchie d'Hérode Antipas, hors de la domination romaine directe.

L'imaginaire populaire d'un retour d'un Grand Israël se développe, conjugué au messianisme prophétique et enfin à la venue du Royaume de Dieu. C'est une véritable fièvre nationaliste qui se développe en Palestine sous l'occupation romaine. Les germes du Christianisme naissent dans ce climat vers la fin des guerres civiles des années 30 avant J-C et se poursuivront de façon sporadique. Les Romains mènent une politique d'unicité par la cité sans ambitionner l'unification des multiples religions très diversifiées dans l'Empire. Afin de fondre l'unité romaine, Auguste promulgue à son avènement l'obligation exclusive du culte impérial pour tous, inspiré de l'hellénisme. En revanche en Orient les cités de fondation ancienne conservent toutefois leurs institutions locales jusqu'à la fin du deuxième siècle.

Nous nous trouvons en face de deux conceptions possibles et différentes de : Roi des Juifs et Roi d'Israël.

Dans l'esprit de Matthieu et à fortiori Benoît XVI, la venue des Rois Mages concerne bien entendu Jésus, vu en tant que Messie attendu par Israël, il y a dans ce terme un aspect eschatologique. Or les mages ne citent jamais le Messie. Ce n'est donc pas Lui qu'ils cherchaient mais le « Roi de Jérusalem », entendons le Roi proche du Temple de Jérusalem, et pour cause le Roi des Juifs. Nous verrons les raisons profondes de cette distinction. D'ailleurs l'étoile les avait conduits à Jérusalem et non pas à Bethléem. Que cherchaient en fait ces visiteurs orientaux ?

Les mages, venus de loin, appartenaient vraisemblablement à cette mystérieuse tribu de Médée en Asie Centrale, qui fournissait des prêtres et des devins à la Perse voisine. Ce n'est donc pas vraiment le Messie, tel que nous le concevons et que les mages cherchaient, mais le « Roi de Jérusalem », entendu celui siégeant dans la ville de la Paix et du Roi Salomon. Nous le verrons très prochainement. Il est question de « mages ». Le latin attribue cette dénomination à magus aux « prêtres des anciens perses ». Le mot est emprunté au grec magos, d'origine iranienne ou du vieux perse magu. Le mot prêtre est tenu pour un emprunt à la ville de Mède. Le sens historique du mot est : « Prêtre de la religion de Zoroastre en Médie, savants astrologues.

Hérode à présent est convaincu que les mages en savaient beaucoup plus, il les auditionna à dessein.

*

3
Les mages chez Hérode

Alors Hérode, ayant fait venir secrètement les mages, s'enquit avec soin auprès d'eux du temps où l'étoile était apparue. Et il les envoya à Bethléem en disant : Allez, informez-vous exactement au sujet de l'enfant, et lorsque vous l'aurez trouvé, faites-le-moi savoir, afin que moi aussi j'aille l'adorer. Ayant entendu les paroles du roi, ils partirent. Matthieu 2. 7-9.

On aura remarqué ce qui préoccupe le plus Hérode c'était de connaître la date de l'apparition de l'étoile aux mages. Cela semble représenter une information importante pour le roi. Nous ne savons pas ce que répondirent les mages exactement. La raison de cette interrogation se comprend plus tard quand Hérode prit la décision de massacrer tous les enfants de deux années et moins. Les mages ayant repris leur périple, l'étoile leur réapparut. Or un ange les avertis en chemin de ne plus revenir à Jérusalem se présenter à Hérode comme il le leur avait demandé.

Alors Hérode, voyant que les mages s'étaient joués de lui, entra dans une grande colère, et il envoya tuer tous les enfants qui étaient à Bethléem et dans son territoire, depuis l'âge de deux ans et au-dessous, d'après le temps qu'il connaissait exactement par les mages. Matthieu 2. 16.

Les mages prirent certainement la décision de partir pour adorer le petit roi, que tous les sages et prophètes d'Orient annonçaient, quand l'étoile apparut. Cela dit, une telle conjonction astrale ne surprend aucun astrologue, car cette science est justement faite pour prévoir les évènements dans le ciel. On supposera que les mages s'attendaient à partir. On imaginera que quelques préparations soient nécessaires et peut-être aussi que quelques rencontres et consultations avec d'autres scientifiques le furent également ? Tout devait donc être prêt au moment de la naissance de la conjonction astrale et cela représentait certainement quelques mois probablement.

Il nous manque un élément essentiel afin d'évaluer finalement l'âge de Jésus au moment de la visite des mages. Il pouvait donc être âgé de deux ans tout au plus lors de la venue de nos personnages. On sera peut-être surpris qu'une caravane mît tant de temps pour se rendre à Jérusalem. D'où venaient-ils ?

Les mages, venus de loin, vraisemblablement appartenaient à cette mystérieuse tribu de Médée, en Asie Centrale, qui fournissait des prêtres et des devins à la Perse voisine. En examinant rapidement une carte, la Perse est distante de plus d'un millier de kilomètres. La caravane a parfaitement pu voyager près de deux années. Elle dut traverser des plaines et des vallées semi-désertiques et s'enquérir de trouver l'eau nécessaire à son équipage et cela sans compter tous les aléas qui pouvaient survenir en ces temps : guerres locales, voleurs etc. Cette véritable aventure à l'époque antique n'a pu être entreprise qu'avec une grande foi. Revenons sur la conjonction astrale.

Jupiter et Saturne sont des planètes lentes, très lentes en ce qui concerne Saturne surtout. Cette dernière effectue le tour de la terre en quatorze ans. On ne peut comparer la vitesse de Saturne avec celle de Mars ou de Vénus, deux étoiles rapides. Cette conjonction ne pouvait qu'être bénéfique dans le cas qui nous préoccupe. La durée de ce rapport astrologique entre

Saturne et Jupiter est très long, et peut durer plusieurs mois parfois et souvent les planètes rétrogradent particulièrement pour celles-ci, puis elle reviennent.(1) La rencontre de ces deux astres de même importance ne se produit pas fréquemment et reste toujours un évènement selon sa position géographique dans le ciel. C'est affaire de spécialistes et c'est une science.

On peut imaginer que la décision des mages fut prise bien avant l'évènement cosmique. Il s'agissait de prêtres-astrologues soumis à des règles précises qui les contraignaient à un certain rituel.

Ainsi l'âge escompté de deux ans au plus de l'enfant au moment où les mages se présentent à Jérusalem est tout à fait crédible. Bien entendu, le rédacteur de l'Évangile savait cela, à cette époque l'astrologie était intimement liée à la connaissance métaphysique et religieuse, ce qui n'est plus le cas de nos jours.

En résumé l'épisode évangélique des mages ne peut que reposer sur des faits réels.

Benoît XVI parle d'un météore en ce qui concerne l'étoile ayant guidé les mages, peut-être voulait-il modérer l'aspect astrologique de la naissance du « Christ » ? Cependant, on peut également imaginer que des météores aient pu accompagner l'évènement.

Voilà donc les Rois-Mages repartis vers leur pays, sans revoir Hérode et ce n'était pas le moment... . En tout état de

---

(1) Une conjonction bénéfique est nommée trigone pour 120° d'écart entre deux planètes et 60° dans une moindre mesure. Maléfique le rapport est de 90° pour un carré et de 180° pour une opposition. Rétrograde, la planète revient sur sa projection. C'est un effet optique qui dépend de la situation géographique de l'astrologue observateur. En effet la planète en question ne recule pas physiquement. Cependant le rapport astrologique est valide, ce sont les projections lumineuses qui font le rapport bénéfique ou maléfique. Une rétrogradation peut durer pour Saturne parfois deux années en une ou deux fois et se réalise toujours pour cette planète. Ainsi la durée de deux années correspondent à l'âge probable de Jésus au moment de la venue des Rois Mages. Les mages auraient pu anticiper leur départ sachant cette particularité astrologique.

cause, le retour à Jérusalem ne se fit pas par la volonté de Dieu. Lisons l'évangéliste Matthieu à ce sujet.

> *Et ayant été avertis en songe, (les mages), de ne point retourner vers Hérode, ils regagnèrent leur pays par un autre chemin. Alors Hérode, voyant que les mages s'étaient joués de lui, entra dans une grande colère, et il envoya tuer tous les enfants qui étaient nés à Bethléem et dans tout son territoire, depuis l'âge de deux ans et au-dessous, d'après le temps qu'il connaissait exactement par les mages.* » Matth. 2. 16 -17.

C'est dans ces circonstances qu'eut lieu le massacre des Saint-Innocents.

Il est probable que la Sainte Famille soit restée à Bethléem ou dans un endroit plus « convenable » dans l'attente de l'obligation de la « Purification », imposée aux mères par la Loi. Cette obligation légale devait intervenir six semaines après toute naissance. Durant ce temps, Hérode n'est pas resté sans rien faire après le départ des Rois Mages, il dut poursuivre ses investigations. Le roi limita à deux ans et moins l'âge de chaque enfant martyr. Peut-être sut-il, par le Temple (Jérusalem), que Marie avait accompli sa purification légale ? On peut supposer que Jésus avait deux ans ou un peu moins, au moment de la visite des Mages, ceux-ci n'étant pas retournés informer Hérode, laissant ce roi dans l'incertitude. Mais, ces détails sont de l'ordre de l'historicité des événements. Demandent-ils une réponse historique ?

Selon certains exégètes, l'arrivée des Mages serait intervenue après la Présentation du Seigneur au Temple soit 40 jours après sa nativité. Ce chiffre symbolise en effet le temps de réalisation de toute chose, notamment la manifestation de la divinité de Jésus dans le sens « épiphanique » du terme. Cette période de 40 jours ou de six semaines précède généralement toutes fêtes traditionnelles. Il est probable que les Rois Mages vinssent se prosterner et reconnaître Jésus après sa Présentation au temple : une hypothèse.

Un autre élément soulève encore de nombreuses questions à propos de la fuite en Égypte de la Sainte-Famille qui en bonne logique a dû intervenir au même moment où les mages furent également avertis par un ange de ne pas retourner chez Hérode à Jérusalem.

Il est temps de reprendre notre récit à propos de l'objet du voyage des mages.

*

4
Excursus
Les songes dans la Bible

1-L'état de veille représente comme son nom l'indique la modalité corporelle et grossière de l'individu éveillé.

2-L'état subtil du rêveur représente un état intermédiaire, comme l'état extatique, entre le sommeil profond et l'état de veille. Le rêve se produit au cours d'un sommeil léger.

3-L'état de sommeil profond, représente l'état causal et informel égale à la mort. Voir le schéma en fin de chapitre.

La Bible rapporte que Dieu pouvait s'adresser aux hommes ou à des prophètes en songe. Nous songeons à Joseph averti en songe que le Roi Hérode allait massacrer tous les enfants de moins de deux ans. Dieu lui demanda de fuir en Égypte avec sa famille Marie et l'Enfant-Jésus. Autre exemple, les Rois Mages sont avertis par Dieu de ne pas retourner à Jérusalem à la demande du même roi Hérode, afin que celui-ci lui indique le lieu exact de la résidence du Christ. Il ne s'agit pas d'un « rêve prémonitoire » mais d'un avertissement par la voie d'un songe. Celui-ci se réalise non plus dans « l'état de rêve » mais dans l'état de « sommeil profond », qui est assimilable à la mort, c'est à dire au monde hors du spatio-temporel que l'on nomme l'autre monde. Il s'agit de métaphysique. L'homme a atteint un stade où son esprit est revenu dans le monde d'avant sa naissance.

Entrer dans le songe au cours de son « sommeil profond » n'est certainement pas donné à chacun. Autre exemple dans l'Évangile de Matthieu 9. 18-26, Marc 5. 22-43, et Luc 8. 40-56.

Jésus venait sortir de la mort la fille d'un chef romain entra dans la chambre, vit le tumulte et des gens qui poussaient de grands cris, il leur dit :

> « L'enfant, n'est pas morte, mais elle dort ! Et ils se moquaient de lui. Mais lui, les ayant fait sortir, prit avec lui le père et la mère de l'enfant…etc. En prenant la main de l'enfant, il lui dit : Talitha qoum ! ce qui se traduit par « Jeune fille je le dis, lève-toi ! » Aussitôt la jeune fille se leva et se mit à marcher…

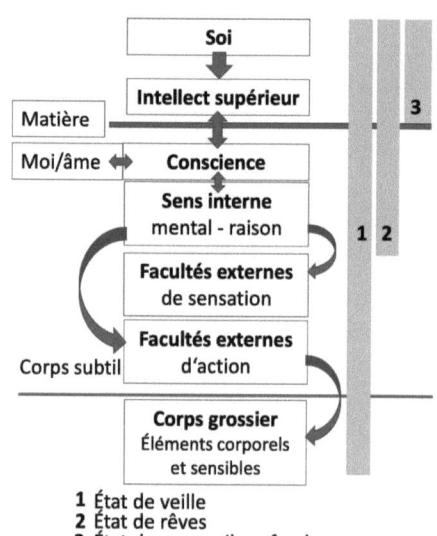

Selon René Guénon dans le
Devenir de l'Homme selon le Vedanta chez Trédaniel.

5
Les mages chez la Sainte Famille

Matthieu reprend son allégorie :

> *Et voilà que l'étoile qu'ils avaient vue à l'Orient allait devant eux, jusqu'à ce que, venant au-dessus du lieu où était l'enfant, elle s'arrêta. A la vue de cette étoile ils eurent une grande joie, ils entrèrent dans la maison trouvèrent l'enfant et Marie, sa mère, et, se prosternant, ils l'adorèrent ; puis, ouvrant leurs trésors, ils lui offrirent en présent de l'or, de l'encens et de la myrrhe.* Mat. 2. 9-12

La belle image de la crèche qui émerveilla les enfants jadis s'écroule ici. Il ne s'agit pas de crèche ni de grotte.

Marc rapporte que la Sainte Famille était venue spécialement de Nazareth à Bethléem pour se faire recenser afin répondre à un édit de César Auguste. Ils se firent enregistrer à Bethléem, parce qu'ils étaient de la Maison de David né également à Bethléem. Or, il n'y avait plus de place dans l'hôtellerie. Marie enceinte dut faire naître le divin enfant dans une crèche. Luc 2. 1-7.

L'évangéliste ne cite ni bœuf, ni âne, mais simplement une crèche. Des animaux figuraient évidement dans cette étable, mais lesquels ? La crèche désigne une mangeoire destinée aux animaux, en guise de berceau. On a fait de cette épisode un acte d'extrême humilité. Cependant une telle scène était chose courante jusqu'à nos jours. Souvent l'hôtellerie signifiait

« hébergement chez l'habitant ». Combien de voyageurs, de travailleurs journaliers furent ainsi hébergés dans des écuries ou dans les « communs » dans nos campagnes il n'y a pas si longtemps ? Revenons à nos Rois-Mages.

L'étoile ayant conduit les mages disparut à Jérusalem, puis elle réapparu quand ils reprirent leur chemin vers Bethléem. On n'imagine pas un tel comportement astral en astrologie. Cette belle image romantique qui inspira tant d'artistes ou d'auteurs de bandes dessinées fut probablement une manière de matérialiser l'action de l'Esprit-Saint sur les mages afin qu'ils trouvent leur chemin ? Et pourquoi pas ? Le miracle de Fatima décrit des prodiges solaires analogues. La venue au monde d'un sauveur mérite bien une démonstration céleste.

Apparemment les Rois-Mages ne visitèrent pas la Sainte-Famille dans une étable et certainement pas une douzaine de jour après la naissance de Jésus, comme le marque la fête de l'Épiphanie, le 6 Janvier. La Sainte Famille aura-t-elle prolongé son séjour à Bethléem ? Pourquoi n'a-t-elle pas regagné Nazareth de sitôt ? Certes l'enfant venait de naître et un voyage de retour ne fut pas recommandé à ce moment. Cependant il semble bien que la Sainte Famille résidât déjà près de deux ans dans une maison à Bethléem. Ainsi on admettra que la fuite en Égypte eut lieu quand l'enfant eut environ deux ans.

...puis, ouvrant leurs trésors, ils lui offrirent en présent de l'or, de l'encens et de la myrrhe.

Le nombre de mages venus adorer Jésus n'est pas précisé dans l'Évangile, il est simplement question de « *mages* ». Il fallut déterminer le nombre de visiteurs. La tradition aura retenu trois personnages, certainement en fonction du nombre symbolique des cadeaux. De même l'Évangile ne cite aucun nom. La tradition leur attribue une appellation selon la nature des cadeaux offerts à Jésus.

Ils pratiquent devant l'enfant royal la proskynesis : la prosternation devant lui. C'est un hommage que l'on rend à un Roi-Dieu. A partir de là s'expliquent ensuite les dons qu'offrent les Mages. Ce ne sont pas des dons qui auraient peut-être été utiles à la Sainte Famille. Les dons expriment la même chose que la proskynesis : ils sont une reconnaissance de la dignité royale de celui auquel ils sont offerts. Benoit XVI dans son ouvrage « L'enfance de Jésus ».

L'épisode des Rois Mages, pour l'essentiel, s'achève ici certes. Il reste encore leur retour à évoquer. Cet épisode évangélique souligne la triple fonction de Jésus : roi, prêtre et prophète. Cette précision de grande importance nous est donnée, ici, par des mages étrangers, des païens. Nous reviendrons sur cet aspect peu ordinaire.

Les Rois-Mages largement banalisés sont passés de l'état de païens à celui de saints. Mais il s'agissait de païens respectables puisqu'ils « *seraient venus prendre connaissance de la Bonne Nouvelle* », selon l'expression même du Cardinal Ratzinger devenu pape !

Lors d'une conférence donnée à Jérusalem en Février 1994, le futur Benoît XVI, alors cardinal, assimilait les Rois-Mages à des représentants païens venus se prosterner devant Jésus pour accueillir la « Bonne Nouvelle » selon l'enseignement nouveau de l'Église (Déclaration conciliaire *Nostra Aetate* – 1965). N'était-ce pas reléguer les Rois-Mages à une simple anecdote évangélique et les dissocier de Melchisédech, le pivot de la Tradition Primordiale et des valeurs communes aux trois religions monothéistes ? En effet :

Il y a là un contresens évident qui ne tient pas compte des indications précises données par Matthieu 2. 1-9. Les Rois Mages bénéficient d'une protection spéciale manifestée dans l'étoile qui les guide et dans les songes (note de l'auteur : Dieu s'adresse directement aux Rois Mages) *qui les avertit des dangers ; ils ne viennent pas pour chercher le salut mais pour confirmer la fonction du Christ et pour lui rendre hommage.* Charles-André Gilis dans la Papauté contre l'Islam – Le Turban Noir.

Malgré tout, le cardinal assure dans un autre écrit :

« *Dans la culture hellénistique : ils « étaient considérés comme représentants d'une religion authentique.*

Les Rois Mages ne sont pas venus prendre connaissance de la « Bonne Nouvelle », mais au contraire s'associer par leur démarches à l'Annonciation de l'ange Gabriel.

6
La fuite en Égypte

Au moment où les mages quittent la juridiction d'Hérode, Joseph est averti en songe et fuit avec sa famille en Égypte protégeant ainsi Jésus des massacres des enfants que l'évangile nomme « Les Saints Innocents ».

Lève-toi, prends l'enfant et sa mère, fuis en Égypte et restes-y jusqu'à ce que je t'avertisse ; car Hérode va rechercher l'enfant pour le faire périr. Et lui se leva, prit l'enfant et sa mère de nuit et se retira en Égypte. Et il y resta jusqu'à la mort d'Hérode, afin que s'accomplit ce qu'avait dit le Seigneur par le prophète. Matth. 2. 14.

La route pour l'Égypte à dos de mulet est longue. Il fallut se résoudre à y vivre. Aucun texte n'évoque en détail ce séjour égyptien ni sa durée, avant que Dieu n'avertisse Joseph en songe de la mort de ses ennemis. Il fallut reprendre la route. L'enfant avait grandi durant ce temps indéterminé. Quel âge avait Jésus après son retour d'Égypte ?

La Sainte-Famille restera en Égypte jusqu'à la mort du roi, afin que s'accomplisse ce qu'avait annoncé le prophète : Matth. 2. 13-15 « *J'ai rappelé mon Fils d'Égypte* ». Or ce « Fils d'Égypte » c'est le peuple d'Israël : Exode 4. 22, « *Ainsi parle Yaweh : Israël est mon fils, mon premier né.* »

L'Épisode de la fuite de la Sainte famille en Égypte peut être mis en parallèle avec l'exode d'Israël en Égypte : Exode 4. 19-31 - Retour de Moïse en Égypte : les versets 19 et 20 de ce chapitre commencent par *Yahweh dit à Moïse, en Madian »* :

> *Va, retourne en Égypte, car tous ceux qui en voulaient à ta vie sont morts. Moïse prit donc sa femme et ses fils, et, les ayant fait monter sur des ânes, retourna en Égypte.*

L'Évangile de Matthieu 3. 19-23, relate le retour de la Sainte Famille d'Égypte ainsi :

> *Hérode étant mort, voici qu'un ange du Seigneur apparut à Joseph en Égypte, et lui dit : Lève-toi, prends l'enfant et sa mère, et va dans la terre d'Israël, car ceux qui en voulaient à la vie de l'enfant sont morts. Et, s'étant levé, prit l'enfant et sa mère et il vint dans la terre d'Israël. Mais apprenant qu'Archéluas, régnait en Judée à la place d'Hérode, son père, il eut peur d'y aller, et, ayant été averti en songe, il gagna la région de la Galilée et vint habiter dans une ville nommée Nazareth, afin que s'accomplît ce qu'avaient dit les prophètes : il sera appelé le Nazaréen.*

La relecture de l'Évangile de Luc permet d'entrevoir l'origine nazaréenne de la Sainte Famille, Luc : 1. 26-27 :

> *Au sixième mois (de la grossesse de Saint-Jean-Baptiste par « Élisabeth), l'ange Gabriel fut envoyé par Dieu dans une ville de Galilée appelé Nazareth, vers une vierge qui était fiancée à un homme de la maison de David, nommé Joseph ; et le nom de la vierge était Marie.*

Nous venons d'évoquer l'aspect historico-évangélique de la venue des Rois-Mages. Cette arrivée est bien entendu conséquente à la naissance de Jésus. Nous avons vu que cette annonce figurant dans les textes sacrés hébraïques provoqua quelques remous à Jérusalem. Les lignes de Matthieu à propos des personnages cités dans les Évangiles sont laconiques, mais associées aux prophéties de l'Ancien-Testament elles prennent ainsi toute leur valeur.

7
Excursus
Les thèses de Tertullien et d'Origène

Tertullien, comme certains Pères de l'Église, est tombé à la fin de sa vie dans l'hérésie. Cependant il présenta une thèse affirmant l'aspect royal des mages cité par Mathieu dans l'Evangile. Les versets d'Isaïe, *Psaumes*, 72,10-11, ont pu servir d'appui à cette thèse.

> « *Les rois de Tarsis et des Îles rendront tribut. Les rois de Saba et de Seba feront offrandes. Tous les rois se prosterneront devant lui. Tous les païens le serviront.* »

La Genèse relate le renouvellement de Dieu à Isaac de la paix conclue avec son père Abraham, quand, Isaac dut se replier à Bersabée à la suite d'une querelle de jalousie causée par la ville de Gérare à son encontre. Abimélech, roi des Philistins, accompagné d'Ochozath roi de Gérare et de Phicol son chef d'armée, ses ennemis viendront finalement lui offrir la Paix et reconnaitre que Dieu est avec lui. Genèse 26. 23.

Réconciliation du Livre de la Genèse 26. 33: « *Car il avait vu que Dieu était avec lui* ».

---

(1)Léon le Grand - Sermons - Cerf – 1964 - Origène est un théologien de la période patristique, né à Alexandrie vers 185 et mort à Tyr vers 531. Il est l'un des Pères de l'Église.

Dans cet acte de Paix, Origène préfigure la reconnaissance par les Rois-Mages que Dieu était en Jésus (Emmanuel). Dans ses « Homélies sur la Genèse », (1) il fixe le nombre des mages à trois et ces voyageurs royaux seraient parvenus en Judée, guidés par une étoile. Fonde-t-il sa thèse sur les trois présents déposés aux pieds de l'Enfant Jésus: l'or, l'encens et la myrrhe ? (1)

Toujours, selon le théologien, il y aurait « trois disciplines générales » par lesquelles on parvient à la science des choses. Les trois personnages venus de Gérare offrir la paix à Isaac, incarneraient ces trois principes. Abimélech incarnerait la logique ou la philosophie rationnelle, Ochozath la physique ou philosophie naturelle et Phicol, l'éthique ou la philosophie morale. Et, de fait, il compare les Mages à ces trois personnages et fait le parallèle avec le Christ naissant accueillant ces étrangers couronnés. Cette thèse n'a pas été retenue par l'Eglise. Toujours est-il, l'auteur voit dans ses spéculations, « trois rois » de Paix et de Justice, symbole hautement métaphysique en rapport évident avec la théorie orientale des « Trois Mondes », attestant la royauté suprême attribuée à Jésus. Ainsi Isaac est également reconnu roi et prêtre, hostie présumée de son propre sacrifice demandé par Dieu à son père Abraham sur l'autel, afin de le mettre à l'épreuve – Genèse 22. 1-19.De cette soumission naît la véritable reconnaissance de la royauté d'Isaac. A noter la désinence Haq dans le nom d'Isaac. En Arabe désigne la royauté : Isaac soit *isHaq*.

*

---

(1) Certains évangiles apocryphes et visionnaires ont laissé entendre que les mages étaient plus nombreux, douze peut-être. D'autres pensent qu'ils venaient chacun de pays différents.

7
Conclusion du premier chapitre

Matthieu est le seul évangéliste à faire état de la visite de mages venus d'Orient adorer Jésus et lui offrir des cadeaux somptueux. Ses écrits sont des plus conservateurs en toute fidélité à l'Ancien Testament. Cependant son évangile préfigure déjà la Grande Église qui prend forme au fur et à mesure des premiers temps du « Christianisme ». Sa vision est des plus classique, triomphante et universelle. Son style allégorique donne en effet cette impression. Ainsi ces personnages orientaux vont apporter à Matthieu matière à présenter Jésus comme le Messie et le Prêtre-Roi universel. Mais plus encore, Jésus incarnera l'Ancien Testament et ses prophètes.

Le Christ incarne donc Moïse et il naît dans des circonstances similaires, nous faisons allusion à la menace de pharaon de massacrer tous les premiers nés du Peuple Juif retenu en Égypte. Comme Moïse, il est sauvé, « repart » en Égypte, monte sur la Montagne pour enseigner et enfin il ne verra pas sur terre l'œuvre finale. Ses liens avec les païens sont constants.

Le chapitre suivant reprendra ce rapport entre l'Ancien Testament et le Nouveau à propos de Melchisédech et des Rois Mages.

*

Chapitre deuxième

La Tradition Primordiale
et les Trois Mondes

1
Abraham et Melchisédech

Nous avons tenté d'établir dans la conclusion du chapitre précédent un parallèle entre Jésus et Abraham. Qui était ce personnage biblique ?

Les origines d'Abraham sont rapportées dans la seconde partie de la Genèse. Le patriarche appartient à la lignée de Sem et ne se nommait pas encore Abraham, mais Abram, quand Dieu l'appela. Il lui dit :

Je ferai de toi une grande nation. Tu seras une bénédiction : Je bénirai ceux que te béniront, et celui que tu maudiras, je le maudirai, et toutes les familles de la terre seront bénies en toi. Gen 12. 2-3.

Dieu promit à Abram une multitude qui constituera le Peuple de Dieu. De celui-ci naîtra un Sauveur. Voilà Abram investi d'un certain pouvoir divin et d'une mission. Noé se vit confier une mission analogue. Ainsi Abram se soumit à Dieu et sa charge allait grandir selon la volonté divine.

Un jour il rencontra Melchisédech.

Quand Abram revenait vainqueur de Chodorlahomor et des rois qui étaient avec lui, le roi de Sodome sortit à sa rencontre dans la vallée de Savé ; c'est la vallée du Roi. Melchisédech, roi de Salem apporta du pain et du vin ; il était prêtre du Dieu Très-Haut. Il bénit Abram et dit : Bénit soit Abram par le Dieu Très-Haut, qui

a créé le ciel et la terre ! Béni soit le Dieu Très-Haut, qui a livré
tes ennemis entre tes mains. Et Abram lui donna la dîme de tout.
Gen 14. 18-20.

Ce court texte recueilli dans la Bible du Chanoine
Crampon renvoie le lecteur à une note de bas de page à propos
du verset 18 :

Melchisédech, c'est à dire Roi de Justice, à la fois prêtre et roi
selon l'ancienne coutume Phénicienne. Le psaume 60. 4 en fait le
type du Messie, le Pontife-Roi par excellence. Voyez dans l'Épitre
aux Hébreux (V, VI, VII), une comparaison longuement
développée entre le sacerdoce de Melchisédech et celui de Jésus-
Christ.

Cette bénédiction accompagnée de pain et de vin
comme un sacrifice à ce Dieu Très Haut prend les aspects d'une
véritable transmission de pouvoirs spirituels et d'une
consécration. Abraham reconnaissant, identifie le Dieu de
Melchisédech à Jéhovah. Après ces événements Dieu fit alliance
avec Abram et lui promit une nombreuse postérité et lui dit
qu'on ne l'appellerait plus Abram, mais Abraham, ce qui signifie
père d'une multitude. Genèse 17. 5.

L'épisode que nous venons de lire vaut pour Abraham
l'évènement de la venue des Rois Mages pour Jésus, non pas en
tant qu'une transmission de pouvoirs sacerdotaux et royaux,
Jésus était né Roi et Prêtre, mais en reconnaissance pour chacun
d'eux d'une fonction plus universelle de « Maître de Justice » :
Roi de Paix et de Justice.

René Guénon dans son ouvrage « Le Règne de la
Quantité et le Signe des Temps » au chapitre Caïn et Abel, précise
à ce propos que le rite opéré par Melchisédech et Abraham se
rapporte en fait au rite du Soma védique et à la perpétuation
directe de la Tradition Primordiale. Il y a là encore un rappel de
l'association du symbolisme du végétal avec le Paradis Terrestre,

c'est-à-dire avec l'état primordial de notre humanité. Nous reviendrons sur cet aspect important qui touche toujours notre temps présent jusqu'à sa fin.

Sans quitter ce thème, notons entre parenthèses, que les réformes de la Messe entreprises par l'Église Romaine dans les années 1960 proposent un certain nombre de préfaces nouvelles et offrent même la possibilité d'une improvisation par le célébrant. De même, un nombre important de nouvelles versions de prières eucharistiques, en remplacement du Canon traditionnel de la Messe tridentine, exclut la citation des Sacrifices de Melchisédech et d'Abel.

Bien que les offrandes végétales de Caïn aient été rejetées, alors que les offrandes animales d'Abel furent agréées par Dieu, les textes sacrés retiennent la validité du sacrifice non sanglant de Melchisédech composé de pain et de vin. « *Il s'agirait là d'une référence de nature purement ésotérique de la Tradition Primordiale.* Selon l'auteur cité en bas de page, il s'agirait également d'une référence à la première fixation du Peuple Juif à Jérusalem, abandonnant ainsi son état nomade pour s'installer définitivement dans la Terre Promise. Bien que le Peuple Juif ait conservé sa tradition, il s'interdit toute participation directe à la construction du Temple. Il fit appel pour réaliser ces travaux à des constructeurs venus de l'extérieur. L'épisode de Jésus chassant les marchands du Temple, prédisant la destruction de celui-ci, peut-il être placé dans la perspective de la fin d'un cycle lié à la pierre et à la fin des sacrifices sanglants d'animaux par référence à l'épisode biblique de Caïn et d'Abel ?

Qui était Melchisédech ?

Melchisédech est sans généalogie, ni commencement de jour, ni fin de vie. Voilà qui est véritablement troublant. Cela n'est pas sans évoquer une nature suprasensible du personnage, sinon celui qui représente une autorité nettement supérieure. Les textes sacrés, Genèse 14. 18, cités plus haut, affirment qu'il était prêtre du Dieu Très Haut, ce qui signifie Dieu (*Allah*).

Si on donne crédit aux révélations de la Bienheureuse

Anne Catherine Emmerich, la nature de Melchisédech pourrait être celle de ses déclarations (1) :

> *Melchisédech appartient à ce chœur d'anges affectés aux pays et aux peuples, qui vinrent apporter des messages à Abraham et aux patriarches, et se manifestèrent à eux. Ils se tiennent juste au-dessous des Archanges Michel, Gabriel et Raphaël.*

Melchisédech est présenté dans les textes sans généalogie, contrairement aux usages des textes sacrés qui précisent généralement la généalogie des Patriarches. L'Évangile précise toutefois qu'il est roi de Salem, entendons par là Roi de Paix. Saint-Paul dans l'Épître aux Hébreux 7. 7 :

> *Ce Melchisédech, roi de Salem, prêtre du Dieu Très Haut, qui vient au-devant d'Abram, à son retour de la défaite des rois, le bénit, et à qui Abram donna la dîme de tout le butin, qui est d'abord selon la signification de son nom, roi de Justice, ensuite roi de Salem, c'est à dire, roi de Paix, qui est sans père, sans mère, sans généalogie, qui n'a ni commencement de jours, ni fin de vie.*

Les Rois Mages et Melchisédech représentent des personnages sortis brièvement d'un miroir ou d'un conte de fée. En fait il s'agit d'un mythe. Or, mythe ne signifie nullement conte de fée ou légende, loin de là. Nous avons souvent fait état du mythe et de sa signification. Il est bon de le rappeler.

Le mythe est une vérité cachée, une vérité universelle contenue dans un récit souvent incohérent qu'il convient de déchiffrer. Ce récit représente généralement le véhicule de cette vérité, le noyau de la vérité à protéger ; c'est en fait un symbole analogue à l'Arche de Noé ayant navigué sur les eaux du déluge pour passer d'un monde à l'autre. Le mythe est le dépôt d'une

(1)Les Mystères de l'Ancienne Alliance - Texte intégral des révélations de la Bienheureuse Anne Catherine Emmerich recueilli par Clemens Brentano. Traduit et présenté par Jean-Joachim Bouflet – Librairie Téqui 82, rue Bonaparte 75006 Paris.

tradition, souvent oubliée qui doit traverser le temps, le temps même d'un monde meilleur en mesure de comprendre les mystères.

L'Évangile utilisera souvent le mythe pour passer du Judaïsme au Christianisme ou tout simplement d'une tradition païenne au Christianisme. On utilisera alors le terme de « mythe charnière ». C'est le cas à nouveau de Melchisédech dans le mythe charnière de Dyonisos dans l'épisode des Noces de Cana :

Benoît XVI à propos de Melchisédech déclare que les Noces de Cana se *présentent comme une charnière transformatrice entre le mythe païen de Dionysos et Jésus, le Verbe et Dieu.* (1)

Dionysos figure majeure de la mythologie grecque fut le dieu de la vigne, du vin et de ses excès, de la folie et de la démesure. Il fut un dieu de première importance au sein de l'orphisme. Orphée descend aux Enfers retrouver son Épouse Eurydice. Ce mythe repose sur l'idée que l'âme souillée, à la manière d'un péché originel, est condamnée à errer d'un cycle à un autre, dans un état comparable à celui du samsara hindou. Les hymnes orphiques comportent de très nombreuses prières en son honneur et rendent compte de l'ordre du monde naturel et moral. Dionysos y tient le rôle particulier du feu divin et des festivités liés au cycle annuel répartis entre l'Automne et le Printemps et particulièrement au retour de celui-ci. Selon l'orphisme, Dionysos serait né de Zeus et de Déméter, déesse grecque souvent représentée tenant un épi de blé à la main, mère de la Terre, de l'agriculture et des moissons. (1) La création divine tient dans ces récits une place extraordinaire que l'on retrouvera dans le Judaïsme, reprise timidement par le Christianisme.

On attribue à Melchisédech la fondation de Jérusalem.

---

(1)L'Enfance de Jésus de Nazareth – Flammarion – Benoît XVI.
(2)Un rapprochement. Notre de Dame des Trois-Épis est apparue en Alsace à des paysans pour leur annoncer un Printemps glacial. Elle tenait dans sa main trois épis de glace. C'est également le sens des trois jours des processions au petit matin des Rogations aux Saints de Glace.

Jérusalem, la Ville Sainte de la Paix

Jérusalem signifie en Hébreux « Ville de la Paix ». (1)
Elle se décompose en *Jer* et en *Salem* : la paix. Selon Josèphe
Flavius, Jérusalem fut bâtie par Melchisédech, roi cananéen. Il
s'agit certainement d'un mythe. La ville se nommait *Jébus* avant
que les Juifs y entrassent en 1400 avant J-C. Elle était placée
sous la domination des Jébuséens. David s'empara de Sion, la
citadelle, puis, il fit de Jérusalem sa capitale. Son fils Salomon y
bâtit un temple magnifique en l'honneur du Très-Haut. (2)

Salomon *(Shlomoh)* : ce nom est dévié de Salem, qui
signifie le Pacifique. Nous retrouvons la désinence *Salem*
dans Islam ou *Moslem* (musulman), qui signifie la volonté divine
; la définition première de l'Islam étant la soumission à Dieu. Il
est dit que la condition divine est nécessaire à la Paix. Cette
condition est rappelée dans la prière du Pater Noster. Jean
Tourniac dans son ouvrage « Melkitsedeq » :

> *De même la foi, celle des chrétiens, n'est pas seulement une*
> *condition subite d'adhésion sentimentale au Christianisme, mais*
> *une condition et une soumission à la volonté de Dieu, comme le*
> *définit parfaitement le mot féodalité venant du latin fides : la*
> *relation d'amour du vassal à son seigneur ou encore le Pater*
> *Noster ('amr). Il s'agit de l'amr, mot arabe, noté par Jean*
> *Tourniac dans son ouvrage Melchisédech à propos de la prière*
> *universelle qui signifie « Le commandement, le précepte divin, la*
> *volonté du créateur. Le Commandement est un symbole divin,*
> *dans la mesure où il rend compte de la Parole de Dieu. La parole*
> *de Dieu est un acte en soi.*

---

(1)*Jericho* signifie la ville des parfums, odeur. Son nom se décompose en *Jer* et
Richo. Ce dernier venant de *Ruach* en hébreu qui signifie odeur, parfum, fumée
d'encens.
(2)La Bible du Chanoine Crampon.

Une prière commence toujours par nommer Dieu et se poursuit sous une certaine forme analogue à celle qui vient d'être énoncée. Puis, elle s'achève par les demandes matérielles. Le « Notre Père », la prière universelle, est construit sur ce principe d'une triade : le Ciel, le monde intermédiaire et la Terre, ce que traduit la « Tradition Orientale » par « les Trois Mondes ». Nous aborderons ces aspects.

Le Pater Noster

Notre Père qui êtes au Ciel !

Les trois principes :

1.   Que votre Nom soit sanctifié,
2.   Que votre Règne arrive,
3.   Que votre Volonté soit faite sur la Terre comme au Ciel.

Et enfin les quatre demandes nous concernant personnellement :

1.   Donnez-nous aujourd'hui notre Pain quotidien,
2.   Pardonnez-nous nos offenses comme nous pardonnons à ceux qui nous ont offensé,
3.   Ne nous laissez pas succomber à la tentation,
4.   Mais, délivrez-nous du mal, Amen.

Enfin, Le psaume de David 110 : Le Messie, Roi et Prêtre. Pour mieux comprendre ce verset nous l'avons replacé dans son contexte en le citant en entier :

Oracle à Yahweh, à mon Seigneur :
Assieds-toi à ma droite,
Jusqu'à ce que je fasse de tes ennemis l'escabeau de tes pieds
Yahweh étendra de Sion le sceptre de ta puissance :
Domine au milieu de tes ennemis !

Ton peuple s'offre spontanément au jour où tu rassembles ton armée,
Avec des ornements sacrés ;
Au sein de l'aurore vient à toi
La rosée de tes jeunes guerriers.
Le Seigneur l'a juré, il ne s'en repentira point :
Tu es prêtre pour toujours
à la manière de Melchisédech.

Le Seigneur est à ta droite,
Il brisera les rois au jour de sa colère.
Il exerce son jugement parmi les nations :
Tout est rempli de cadavres ;
Il brise les têtes sur un vaste champ.
Il boit au torrent sur le chemin,
C'est pourquoi il lève la tête.

Le Messie sera donc prêtre à la manière de Melchisédech, Roi de Salem, c'est-à-dire Prêtre et Roi de justice et de paix.

Le sacrifice de Melchisédech sera aussi la reconnaissance de la supériorité du Sacerdoce selon l'ordre de Melchisédech sur le sacerdoce lévitique, ce que rappelle Saint-Paul dans Hébreux 7. 1 et 10. 18 et encore dans Hébreux 7. 20-25.

En conclusion

Il ne nous aura pas échappé qu'Abraham reconnait dans le Dieu Très Haut de Melchisédech, Jehova, son Dieu, celui de toute la lignée de Noé, Sem etc. Ce point est des plus important, il signifie et permet l'association, sinon le raccordement de deux traditions, ce qui ne sous-entend nullement que l'une absorbe l'autre. C'est un raccordement. Melchisédech représente la charnière universelle entre Abraham et la Tradition Primordiale, celle-ci se rapportant à l'État Primordial d'avant la chute d'Adam et d'Ève. En résumé Abraham se présente comme le grand-prêtre d'un pôle spirituel en pleine conformité avec cette Tradition Primordiale. Les Rois-Mages, en venant s'agenouiller devant Jésus Nouveau-né, viennent reconnaître en lui la pleine conformité du Christianisme naissant à cette Tradition dite primordiale et par conséquent le passage de l'Ancien Testament au Nouveau.

❋

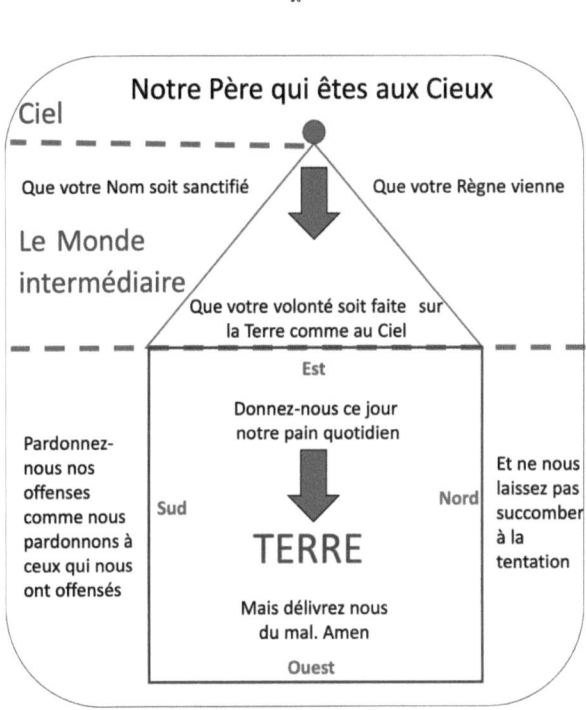

2
L'Orient et le Judaïsme

Parler de l'Orient dans le cadre du Judaïsme est un pléonasme. Israël se trouve au Moyen-Orient (1).

Israël par sa situation centrale (moyenne), fut au contact permanent tant avec l'Orient extrême qu'avec l'Orient proche. L'histoire d'Israël et du peuple juif s'inscrit dans ces dimensions et cela est sans compter avec le Diaspora Juive.

L'Ancien Testament, bien que ce Grand Livre ne soit pas un livre d'histoire comme nous l'entendons sur le plan scientifique, est assez significatif néanmoins. Le nom des villes et des pays qui y figurent donne un aperçu de la véritable dimension de ce peuple de l'Antiquité lointaine à celle des temps de Jésus. Examiner un Atlas de ces temps mémorables nous apporte la vraie dimension de la géographie de l'histoire et de la Bible. L'aire « d'action » de ce peuple s'étend de L'Égypte à l'Inde et on reste subjugué par la taille de L'Iran d'alors... ! On comprendra que cette aire d'action ne s'étend pas ou peu au Maghreb, la Mer Rouge représentait une véritable barrière que le peuple juif au cours de l'Exode put aisément traverser à pieds secs grâce à l'intervention divine.

(1) Traditionnellement il fut toujours question de Moyen-Orient pour situer cette région. Or le Maghreb situé au Proche-Orient semble sorti de cette sphère géographique pour des « raisons de géopolitique et d'intégration possible dans l'aire économique européenne ». Ayant étudié le castellan, notre professeur d'origine espagnole considérait que le Proche-Orient commençait au sud de l'Espagne. De même nous avons appris jadis dans nos écoles primaires qu'il existait quatre continents, ce qui était logique puisque la Terre est représentée par quatre points cardinaux. A présent nous avons cinq continents.

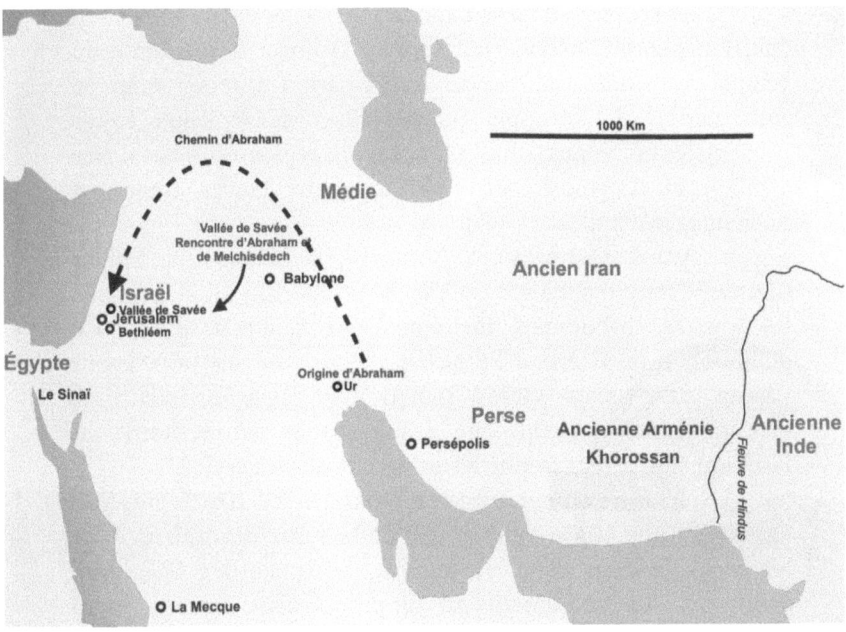

Pour preuve de cette « interaction » orientale, c'est l'intervention du peuple arménien antique dans la construction des temples sacrés, venu du Khorossan, situé à la limite entre l'Iran et l'Inde, à la frontière que forme le fleuve de l'Hindus. L'art de la construction, la science de l'édification de toute habitation ou temple, vient de l'Inde voisine. Les règles de construction rejoignaient celles de l'agriculture : la Lumière céleste et le Soleil font les saisons.

Le Peuple Juif en se fixant à Jérusalem, abandonnait son état nomade, il conserva toutefois sa tradition. L'édification du Temple lui interdisait toute participation directe dans sa construction. Il fit appel pour réaliser ces travaux à ces constructeurs venus du Khorossan; région intermédiaire symbolisant l'osmose entre l'Hindouisme et les traditions moyennes orientales.

Avant de revenir à Abraham, signalons que Simon Claude Mimouni dans son ouvrage intitulé « L'hindouisme dans les sources chrétiennes anciennes » se réfère à une notice d'Hippolyte de Rome « l'*Elenchos* » pour exposer brièvement l'appui des textes sacrés indiens des *Upanishad* dans le Christianisme, sachant que les relations entre Rome et l'hindouisme furent importantes depuis des siècles.

Un autre auteur David de Flüsser 1917-2000 a présenté également une étude comparative de la figure d'Abraham dans les écrits Judéens dans les œuvres indiennes des *Upanishad*. Enfin certains établissent un rapprochement entre le nom d'Abraham et de « brahmane » d'une signification proche.

*

3
Excursus - La création de la voûte céleste selon le Rig Veda

La Porte du Ciel d'Ânandâ K. Coomaraswamy dans la première partie du chapitre sur le Symbolisme du Dôme :

> *La construction d'une maison est une imitation de la création du monde. Notamment l'œuvre des Trois ribhus des Rig Veda. Les trois personnages : l'arpenteur ou le géomètre, le maçon et le charpentier, sont les hommes intermédiaires, c'est-à-dire des trois dimensions de l'espace. Il leur est demandé de créer un espace habitable. Ils ont divisé la coupe comme s'ils mesuraient et partageaient un champ dans l'espace. La rotation spatiale est créatrice d'étendue nouvelle. Cette action évolutive se transformera en action involutive et mettra fin à l'œuvre des trois personnages. Ainsi les quatre coupes se refonderont dans la coupe solaire d'origine.*

La construction de tout édifice répondait dans les sociétés traditionnelles à des principes et à des règles sacrées. Il s'agissait de vivre en harmonie avec l'Univers. La voûte céleste inspirait les anciens et c'est vers le Soleil levant que devait s'ouvrir la pièce de vie. Nos vieilles maisons régionales témoignent de ces préceptes anciens. La disposition et la répartition de leurs principaux volumes conditionnaient la vie. Un long couloir partageait la maison en deux parties. Les portes extérieures correspondaient aux ouvertures solsticiales : au Nord, à la « Porte du Ciel » pour l'ouverture donnant sur le jardin et au Sud à la « Porte des Hommes » pour l'entrée principale. L'axe central ainsi tracé séparait la partie habitable de celle des animaux et de l'exploitation agricole. Les fermettes villageoises ont adopté plus tard une orientation Nord convenu, afin de répondre aux contraintes de l'urbanisme rural en s'installant au bord des chemins et de permettre ainsi une sortie plus facile du bétail et des animaux de trait.

4
Melchisédech et les Rois Mages

Nous avons relevé un parallèle entre le Rois-Mages et Melchisédech. Les premiers reconnaissent par leurs cadeaux Jésus Prêtre et Roi de Paix et de Justice, et le second, Melchisédech, apparaît sous le double pouvoir sacerdotal et royal. Celui-ci, ainsi que les Rois-Mages sont donc supposés représenter une même autorité. Le cumul de ces deux fonctions n'est pas chose courante en Occident, il fut généralement séparé entre Papauté et Empire. Même dans le celtisme, le pouvoir sacerdotal était séparé du pouvoir royal et le Druide parlait avant le Roi. L'Occident hérita de la séparation des pouvoirs et même dans une certaine mesure de ces états : la noblesse, le clergé et le tiers-état.

Ce double pouvoir fut pourtant à l'origine même du Christianisme. La Rome antique, influencée un temps par l'Orient, avait donné à l'Empereur romain ce double pouvoir. L'Islam reprit ce principe dans la théorie du Califat ainsi que

<hr>

(1)Les papes depuis le Concile Vatican II renoncent à cette tiare le *triregnum*, symbolisant la triple royauté du chef de l'Église. En plein Concile, Paul VI dépose sa tiare, devant tous les évêques réunis en session, pour ne plus jamais la remettre comme tous ses successeurs. Par ce geste spectaculaire, les souverains pontifes dénoncent les liens de l'Église Romaine avec la Tradition Universelle. En effet ce geste intervient au cours de la dernière cession du Concile Vatican II même (1962-1965) et à la veille des applications des profondes réformes à propos de la théologie sacrificielle de la messe et de la théologie du Corps Mystique du Christ dans les Trois-Mondes. La question qui se pose à la suite de ce geste d'une importance capitale : Rome, la Ville Sainte, reste-t-elle toujours un pôle spirituel rayonnant, le pape François réduisant sa fonction à celle de l'évêque de Rome ?

l'Extrême-Orient dans sa conception du *Wang* (Roi et *Pontifex*). Le roi David d'Israël en principe revêtait ces deux pouvoirs de Prêtre et de Roi. Jésus, au regard de ce message apporté par les Rois-Mages, fut donc reconnu par l'Orient, Prêtre et Roi de Paix et de Justice. Que Guénon dans son ouvrage intitulé « Le Roi du Monde » chez Gallimard où il assimile ces trois personnages aux trois chefs du centre spirituel suprême :

> « *L'hommage ainsi rendu au Christ naissant, dans les Trois Mondes qui sont leur domaine respectif, par les représentants authentiques de la Tradition primordiale, et qu'on le remarque bien en même temps, le gage de la parfaite orthodoxie du Christianisme à l'égard de celui-ci.* »

Et de préciser plus loin :

> « *Nous retrouvons dans l'union de ces deux fonctions des Rois-Mages, ce qui peut donner à penser qu'il y a un lien très direct entre ceux-ci et Melchisédech* ».

Quel rôle pour ces personnages revêtus du caractère sacerdotal et royal ? Il s'agit de *pontifex*, de souverains pontifes, c'est à dire un constructeur de ponts, remplissant le rôle de médiateur en réalisant une fonction médiatrice : la communication entre notre monde et celui des mondes supérieurs ou bien entre le monde sensible et le monde suprasensible. (1) Ce qui explique pourquoi des mages cités dans l'Évangile de Matthieu furent assimilés plus tard à des rois. Dans la tradition druidique, ce rôle de *pontifex* revenait au druide qui assurait le lien entre le ciel et la terre. Quant au roi il assurait son rôle régulateur dans ce monde d'ici-bas. La mission du souverain pontife est donc de permettre l'union entre le ciel et la terre, il a le pouvoir d'intervenir dans les « Trois Mondes » : la

---

(1) C'est le propre du mot religion qui signifie relier les hommes à Dieu.

Terre, le Monde Intermédiaire et le Ciel. Nous retrouvons ce principe dans toutes les religions orientales.

Revenons à la tradition orientale, indienne, pour compléter nos remarques, et faisons-le à la lumière des écrits de René Guénon dans son ouvrage « Le Roi du Monde ».

Ce titre peut nous surprendre. Il ne s'agit pas d'un personnage historique ou légendaire mais d'un principe universel : « l'intelligence cosmique » qui réfléchit la Lumière spirituelle pure et formule la Loi, que les indiens nomment *Dharma*. Ce principe peut être manifesté dans le monde par une organisation établie dans un centre spirituel chargé de conserver intégralement le dépôt de la tradition sacrée. Dans le catholicisme c'est le rôle du Souverain Pontife Romain. Sa tiare, composée de trois couronnes, symbolise son pouvoir d'intervention dans les Trois Mondes.

Nous avons évoqué les centres spirituels établis dans le monde. Il s'agit d'authentiques traditions à la tête desquelles règnent d'authentiques souverains pontifes : Rome, Lhassa, La Mecque, Jérusalem etc. Abordons à présent la théorie orientale des Trois Mondes.

*

5
Le Grand Hum et le Namtchouwangdan

Il y a un monde supérieur et un monde inférieur, le Ciel et la Terre que sépare un monde intermédiaire. C'est dans celui-ci que se situe la minuscule porte d'accès au Ciel. Cette tradition primordiale est transmise aux hommes par les religions authentiques sous diverses formes plus ou moins fermées. Chaque religion est en soi une application de cette tradition à un moment présent ou à un cycle précis.

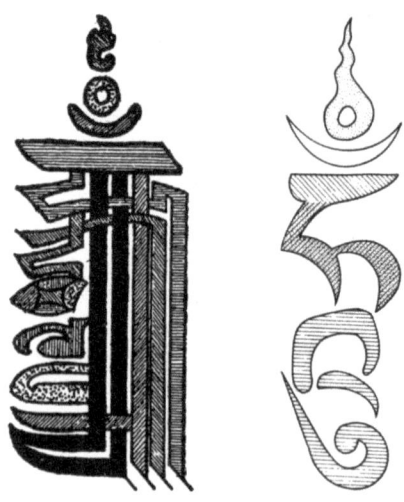

« *La première de ces religions peut être représentée par l'Hindouisme et la dernière en date l'Islam, reprenant toutes les adaptations intérieures depuis le début.... Là intervient l'aspect propre à chacune d'elle.* » (1) avec son ésotérisme et son exotérisme.

jean Robin dans un de ses ouvrages, écrit un passage relatif à ce sujet: (2)

« *Pour envisager dans ce contexte les destinées eschatologiques des formes traditionnelles sous un angle moins connu, nous examinerons les deux symboles tibétains presque identiques du « Grand Hum » et du « Namtchouwangdan », ce dernier étant expressément lié à la doctrine cyclique du Kalachakra (ou Roue de l'Existence) qui vient du Shamballah (3) au XI ième siècle. Les correspondances microcosmiques et macrocosmiques de ces deux symboles permettent, par adaptation d'étudier le rôle des diverses traditions ou sous-traditions actuellement en action dans la biologie terrestre. ... Ils sont dérivés de l'Aum qui est la source de la Manifestation universelle. ... Le rôle des quatre traditions décrites par la partie supérieure des symboles du Grand Hum et du Namtchouwangdan : ce que nous avons (déjà) dit de ces schémas en relation avec les quatre âges, permet de comprendre l'Hindouisme, directement issus de la Tradition Primordiale et comme nous l'avons écrit, ne jouera pas de rôle temporel actif, mais aura une fonction purement spirituelle, soit ici représenté par l'axe polaire.*

Le Christianisme quant à lui est symbolisé par le disque solaire, rappelant entre autres l'identification du Christ au « Sol

---

1.Jean Tourniac - *Melkitsedeq.*
2.De Jean Robin dans « René Guénon « La dernière chance de l'Occident » chez Guy Trédaniel.
3.Le Shamballah serait le lieu de l'Agarttha, cité sainte pour l'Hindouisme, et pourrait être le lieu de résidence du Roi du Monde.

Justitiae et au Sol invictus » *Dans ce symbolisme on peut associer le Bouddhisme au Christianisme, le Bouddhisme a pour attribut le Soleil-Bouddha. De même que le Christianisme a constitué au début une extériorisation ou une universalisation de la tradition hébraïque, le Bouddhisme dans une certaine mesure représente une adaptation de la tradition hindoue. ... »*

Quant au croissant de Lune, il désigne évidemment l'Islam. Certaines traditions islamiques rattachent Abraham (en arabe Ibrahim) au Brahmanisme... La rencontre de Melchisédech avec Abraham serait le point de jonction de la tradition hébraïque avec la Tradition Primordiale.

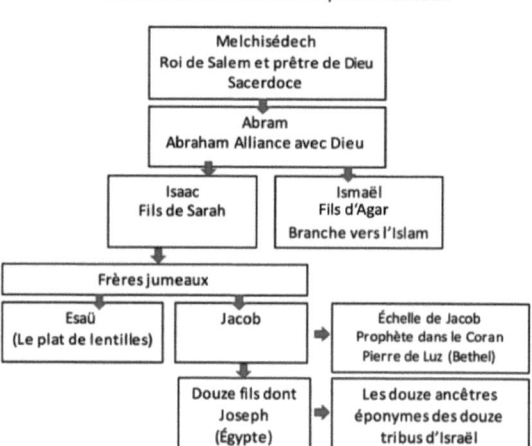

De Melchisédech à Jacob : repères essentiels

*

5
La Tradition Primordiale et le Roi du Monde

Apportons au lecteur peu familiarisé avec la Tradition Primordiale quelques éclaircissements à ce propos. Pour ce faire, nous croyons pouvoir résumer dans ces quelques lignes tant qu'il était possible de le réaliser, l'ouvrage de René Guénon, intitulé « Le Roi du Monde ». Nous avons repris quand cela a été nécessaire, pour plus de clarté, quelques-unes de ses phrases « mot pour mot ».

*

La Tradition primordiale fait référence à l'état supra humain primordial perdu par l'homme après sa chute. Une véritable initiation, premier stade de la restauration de cet état d'origine, constitue la condition préalable à sa reconquête effective.

Le « sens de l'éternité » appartient à toutes les traditions en quête de la restauration de l'état primordial, comme l'entreprirent les Chevaliers de la Table Ronde. L'Eden représente le centre spirituel par excellence. Toutes les traditions authentiques envisagent ainsi le retour à l'état primordial. Ce retour marquera bien entendu l'ère messianique dès son avènement. (1)

---

(1) Le Centre spirituel symbolisé par le centre de la Croix est le point où se concilient et se résolvent toutes les oppositions, la croix à six branches dont le centre est l'éther, la 7ième branche. La paix, c'est l'ordre, c'est à dire la résolution des contraires et les oppositions.

Le Roi du Monde selon René Guénon

Le Roi du Monde représente le législateur universel de la Tradition Primordiale. Dans ce sens, il peut être rapproché au *Manu* des Hindous, à *Mina* ou *Ménès* des Égyptiens ou encore au *Menw* des Celtes et encore à *Minos* des Grecs. Ces noms ne désignent pas de personnage historique, mais un principe universel : l'Intelligence cosmique qui réfléchit la Lumière Spirituelle pure et qui formule la Loi propre aux conditions de ce monde et de son cycle d'existence et ce toujours dans la perspective du retour à l'État Primordial.

Ce principe universel peut être manifesté par un centre spirituel, dont le rôle est de rayonner et de recevoir. Le Roi du Monde peut être son représentant établi dans le monde terrestre, mais il s'agit peut-être encore d'une organisation spirituelle qui se donne pour mission de veiller auprès de toutes les autres traditions de tous les peuples qui désirent conserver intégralement le dépôt de la tradition sacrée d'origine non humaine. Ce « Roi du Monde » est ainsi en rapport, pour ne pas dire en communion, avec l'esprit de tous ceux qui dirigent la destinée de l'humanité dans ce sens. Bien entendu il s'agit d'un personnage intemporel tels que le sont les Rois-Mages et Melchisédech. On pourrait voir à la rigueur dans ces personnages l'action de l'Esprit-Saint ? Sa fonction est essentiellement ordonnatrice et régulatrice : « *Rex et regere* », c'est à dire équilibre et harmonie, soit l'immutabilité du Principe supérieur.

Ainsi, le Roi du Monde possède les attributs fondamentaux de Justice et de Paix. Il s'agit bien de la Paix et de la Justice telles que nous les envisagions dans le chapitre précédent. « Elles » ne sont pas de ce monde. Il se présente comme un souverain pontife avec un double pouvoir à la fois sacerdotale et royal. Il est le pont du monde sensible avec le monde supra sensible. Son pouvoir s'exerce donc dans ces trois mondes. Il réside au centre suprême gardien de l'intact dépôt de la Tradition, et il n'est pas affecté par les changements qui surviennent dans le monde extérieur au sien.

Sa résidence, située dans un endroit resté secret dans les hauteurs des Indes en cette période de fin de cycle, aurait porté l'appellation « *Agarttha* » ce qui signifie justement insaisissable ou inaccessible, car c'est le séjour de la Paix. Le Roi du monde serait apparu jadis plusieurs fois, dans l'Inde et au Siam, bénissant le peuple avec une pomme d'or surmontée d'un agneau, symbole identique à l'agneau de l'Apocalypse.(2) Toute tradition possède son centre spirituel, point fixe, et, elle s'accorde à le désigner symboliquement comme un pôle, puisque c'est autour de lui que s'effectue la rotation du monde, représentée généralement par la Roue chez les Celtes aussi bien chez les Chaldéens que chez les Hindous ou encore par le symbole du swastika. C'est le point fixe qui est l'élément essentiel auquel se rapporte directement le symbole en question. Ps 85 11 :

> « *La Bonté et la Fidélité se sont rencontrées, la Justice et la Paix se sont embrassées* ». (Le passé et l'avenir d'Israël. Consolation dans le présent.)

Cette citation se rapporte directement au « *Gloria in excelsis Deo, et in terra Pax hominibus bonae voluntatis.*» (3) Le mot Gloria se réfère à l'aspect divin et Pax à celui du monde terrestre. Le Christ, élevant sa main droite de paix et baissant sa main gauche de justice, est souvent représenté dans la scène du Jugement Dernier. Cette représentation apparaît souvent sur certains frontons de cathédrales. La main du jugement et de paix est un attribut essentiel des centres spirituels établis en ce

---

(2) René Guénon – Le Roi du Monde – Chapitre IX
(3)Première phrase du Chant de la messe avant les lectures – C'est aussi ce que chantaient les anges annonçant la Bonne Nouvelle de Jésus au moment où le ciel s'entrouvrit à Bethléem dans la nuit de Noël. Cette même phrase est souvent reproduite sur une banderole déployée au-dessus des crèches de Noël.

monde (*in terra*). Mais ce n'est pas une paix au sens profane, bien entendu, nous le rappelons. Jn. 15. 27 :

> « *Je vous laisse la Paix, je vous donne la Paix ; ce n'est pas comme la donne le monde que moi je vous la donne.* »

Ces paroles du Christ rapportées par l'Évangile selon saint Jean sont reprises par le prêtre après le triple « *Agnus Déi* – Agneau de Dieu » de la Messe, peu avant la Communion.

L'irruption des Rois Mages à la naissance du Christ est frappante dans ce sens qu'elle accorde au « Roi des Juifs » qu'elle reconnait en Jésus, nouveau-né, tous les attributs de Roi de Paix et de Justice en conformité avec la Tradition Primordiale, ainsi que sa fonction de médiateur royal et sacerdotal dans les Trois Mondes.

Melchisédech est celui sous lequel la fonction de Roi du Monde se trouve expressément désignée dans la tradition Judéo-Chrétienne à ses débuts.

*

6
Les Trois Mondes
Avant-Propos

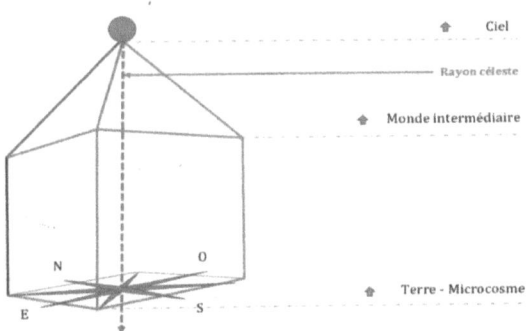

L'œuvre de René Guénon reprend la signification des Trois Mondes dans lesquels s'inscrit le règne du Christ. Il s'agit des « Trois Principes » dont le représentant terrestre serait le « Roi du Monde » qui réside dans un lieu correspondant au Centre Spirituel suprême, nommé « Agarttha »(1). Lors de la visite des trois Rois Mages à l'Enfant Jésus, Gaspar représente le chef suprême du Centre du Monde, le *Brahmâtma* et offre la myrrhe du prophète (2), Balthazar représente le *Mahâtmâ*, il offre l'encens du prêtre(3) et Melchior offre l'or des rois(4) et

(1) Le Roi du Monde de René Guénon au Éditions Gallimard
(2) La myrrhe est le parfum réservé à la Lune, celle de l'entre deux mondes, le monde intermédiaire, le pouvoir du mage, l'adepte.
(3) L'encens est un parfum magique des opérations solaires, lié à l'astrologie.
(4) L'or de la Terre, le souffre psychique, celle du Roi, le mage noirci par la fumée de ses activités d'alchimiste.

représentait quant à lui le *Mahânga*.

Afin de faciliter la compréhension de ces trois mondes, établissons un parallèle avec la doctrine catholique du « Corps Mystique du Christ », en extériorisant en quelque sorte cet aspect par la métaphysique orientale. Ainsi, l'Église militante, premier principe, est celle qui vit sur terre et prépare son salut. Le second principe, l'Église souffrante attendant la délivrance au purgatoire, serait celle du monde intermédiaire et enfin l'Église triomphante (5), celle qui a atteint son salut, le dernier principe. Ces trois principes forment un ensemble de trois états réunis dans le Corps Mystique du Christ autour de l'Eucharistie, la « Coupe de la Délivrance ». Cette coupe contient le sang de Jésus qui assurera le passage « d'un monde à l'autre ». Ces trois principes justifient en partie et d'une certaine façon les trois couronnes de la tiare papale.

Le monosyllabique sacré OM ou AUM qui précède toute prière tibétaine ou hindouiste se réfère symboliquement à ces « Trois Mondes » qui selon les doctrines orientales sont :

Le Monde principiel « non manifesté » : le ciel (*swar*), le principe premier. Le Monde « de la manifestation subtile ou psychique » : l'atmosphère (*bhuvas*), le milieu ou le principe second. Et, le Monde « de la manifestation corporelle » : la Terre (*bhû*), la fin.

*Exemple d'une église orientale construite
sur le principe des Trois Mondes*

(5) René Guénon – L'Ésotérisme de Dante.

L'OM, que nous venons d'évoquer à l'instant, comprime en fait les sons primordiaux, c'est à dire les voyelles palatales A, O et U. Le son O en sanskrit est longuement diphtongué en A+U (prononcer « ou » par u diphtongué). Ainsi l'OM peut s'écrire ou se prononcer AUM et précède toute prière Lamaïste.

On retrouve indirectement ces symboles orientaux AUM dans le sigle catholique AVM, de lieux dédiés au culte marial (6) qui signifie Ave Maria et qui prend aussi le sens de l'Alpha et l'Oméga.

Nous avons vu que le « Notre Père », la prière universelle est construite sur ce principe des Trois Mondes. L'Évangile de Matthieu, 13. 33, fait allusion aux Trois Mondes dans une des paraboles du Christ :

> « *Le Royaume des Cieux est semblable au levain qu'une femme prit et mélangea dans trois mesures de farine jusqu'à ce que le tout eût fermenté.* » (Note de bas de page du translateur) : « *La parabole du sénevé et celle du levain ont la même signification : la merveilleuse expansion de l'Église, avec une nuance cependant, car la première marque les progrès futurs du Royaume de Dieu par le côté extérieur et visible, tandis que la seconde laisse entrevoir la vertu secrète et puissante qui doit les opérer* ». La parabole du sénevé Math XIII, 31 « *Le Royaume de Dieu est semblable à un grain de sénevé, qu'un homme a pris et semé dans son champ. C'est la plus petite graine potagère et devient un arbre, de sorte que les oiseaux viennent nicher dans ses branches.* »

Cet arbre est encore le symbolisme commun à toutes les traditions : celui de l'Axe du Monde qui unit les trois mondes entre eux par le Principe divin. Le Corps Mystique du Christ

---

(6) René Guénon – Le Roi du Monde – Chapitre « Les trois fonctions suprêmes » note 1 de la page 33 – Gallimard 1958, ainsi que du même Auteur : L'homme et son devenir selon le Vêdântâ aux Éditions Traditionnelles.

réalise le Royaume des Cieux par son Eucharistie qui se trouve au centre.

Or, René Guénon dans son ouvrage « Le Symbolisme de la science Sacrée » au chapitre « Le Symbolisme du Cœur » précise :

> Le Principe divin qui réside au centre de l'Être, nous insistons sur la majuscule, est représenté par la doctrine hindoue comme une graine ou une semence et comme un germe, parce qu'il n'est en quelque sorte que virtuellement dans cet être (minuscule), tant que l' « Union » n'est pas effectivement réalisée.

René Guénon dans son article « Le Grain de sénevé » dans son ouvrage sur les Symboles de la science sacrée précise :

> « Dans le Notre Père suit derrière la phrase « Que votre volonté soit faite » celle « Que votre volonté soit faite sur la terre comme au Ciel. Il s'agit d'une expression de l'union « axiale » de tous les mondes entre eux et au Principe divin etc... »

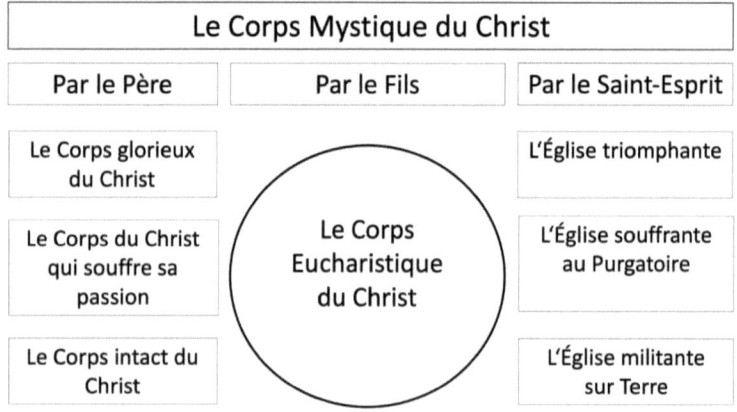

Le Corps Mystique du Christ		
Par le Père	Par le Fils	Par le Saint-Esprit
Le Corps glorieux du Christ		L'Église triomphante
Le Corps du Christ qui souffre sa passion	Le Corps Eucharistique du Christ	L'Église souffrante au Purgatoire
Le Corps intact du Christ		L'Église militante sur Terre

7
Excursus
Théophanies et les Trois Mondes

L'AUM (Om) précède toute prière ou méditation dans les traditions orientales. Il s'agit d'une invocation symbolisant une théophanie par la reconstruction du monde à venir à la manière de l'invocation précédant toute action de méditation dans le catholicisme.

Le son primordial *l'Aum ou l'Om*

Les voyelles

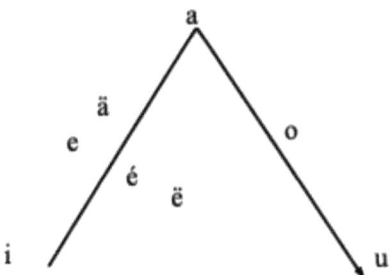

Avant d'aborder le sens de l'Aum, révisons les principes de la phonétique.

La voyelle de base, le son primordial est *a*. De *a* tous les autres sons ont été produits. C'est à dire que toutes les voyelles procèdent de *a* et contiennent dans leur essence son principe. Pour ce faire le souffle s'est révélé en *a* pour agir en *u*.

Le son *o* est intermédiaire. Sa position sur la ligne *a-o* est variable. Chaque locuteur aura une prononciation propre du son *o*, tantôt très proche ou proche de *a*, tantôt plus éloignée et s'approchant parfois de *u*. Pour illustrer ce phénomène le mot oui se dira dans le monde germanique *ja* ou *jo*! *o* se confond avec *a* et *u*, un peu comme la couleur verte produite par la réunion des couleurs bleu et jaune.

L'ensemble *a, o* et *u* forment un unique son long, diphtongué ou triphtongué *aou....* Ne dit-on pas Pol, Paol et Paul ? Cette dernière forme se prononce en germanique « *Paoul* » Cet ensemble *a, o et u* représentent les voyelles ou les sons dits palataux. Ce sont les seuls sons qui subissent la métaphonèse.

En fait ces voyelles veulent toutes se rapprocher du son *i*. On peut donc dire que les palatales sont la continuité du son *a* et sont placées en parallèle des voyelles *e* ou *ä, é, ë*, recueillies et contenues en *i*. Ainsi *a=i* par le trajet de *a* par *u* et repris dans la figure suivante :

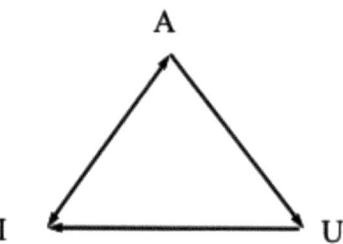

Nous nous trouvons en présence d'une unité trinitaire. La trinité divine c'est trois personnes hypostatiques créées par le verbe, c'est à dire la lumière, le souffle divin en *a*, le Père. Le père engendre le Fils, *i*, par l'opération du Saint Esprit *u* à partir de la « *Matéria Prima* », la nature vierge, la Vierge Marie, *a (o)u*, soit AV.

Nous savons qu'avant la prière, il convient de retrouver intérieurement une âme vierge comme la nature vierge. Les catholiques invoquent la Vierge Marie en récitant l'**AV**e Maria. Avant de commencer tout acte de prière ou de recueillement dans les religions ou les actes spirituels orientaux de l'hindouisme et du bouddhisme les pratiquants se mettent ainsi en présence de la nature vierge en prononçant AUM (*om*) c'est à dire AVM. **M** venant s'ajouter à l'ensemble *au* pour prolonger la production vocale afin de symboliser l'infinité du verbe divin se reflétant dans les eaux inférieures souvent symbolisées aussi par la Lune. La lettre **M** prend le sens ésotérique, par sa valeur numérique de la Lune.

Nous avons tous déjà rencontré le sigle ci-dessous, le symbole commun aux traditions catholiques et orientales :

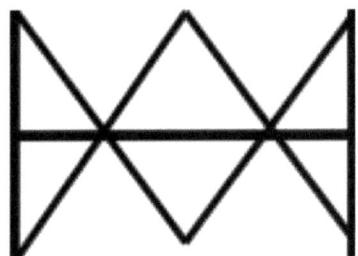

a est donc le Père et *i* le Fils, AVM (*aum*), la Vierge Mère. La Vierge Marie. Essayons de vérifier cette idée par la valeur numérique de ces lettres et de la traduction qu'en donne la Kabbale.

a, Aleph, valeur 1 - Androgyne, lettre du père, Ultra-violet. Mémoire de la source, Feu de l'Amour créateur.

i, Yod, valeur 10 - Je suis un avec le Père, Masculin.

Feu de la claire lumière primordiale - Blanc et rouge.

u ou *v,* Vav, valeur 6 - Androgyne à dominante Yang, Rouge, vert. Feu médiateur de tous les dons.

m, Mem, valeur 40 - Féminin, ultra yin - Lettre de l'Esprit-Mère

L'agent médiateur et unificateur universel.

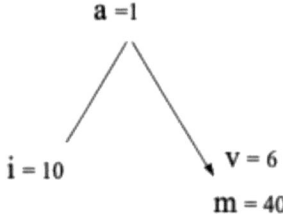

a, l'unité, qui est le tout $=1$ c'est à dire
$1+2+3+4+5+6+7+8+9$

v (*u*), le 6ième jour, l'homme, fait de terre, d'eau et de l'esprit, Adam ($1+4+1+40=10=1$).

AV (Ave) $1+6=7$ toutes les couleurs et tous les sons en action, c'est à dire la manifestation, la création en 7 jours.

Maria $= 40+1+200+10+1=9$
AVM $= 1+6+40=11=10+1=2$
Ave Maria $= 7+9= 16=7$

La Vierge 9 a donné Jésus : *i c'est à dire* 10 soit $9+1=10$: Jésus $10 =$ le Père 1.

L'ensemble $A+V+M+I = 1+6+40+10=12=3$ la trinité 3X1 : Le père, le fils et le Saint-Esprit. C'est à dire que 1 est la somme de $1+2+3+4=10$.

Les trois éléments du monosyllabique sacré *Aum* (*Om*) symbolisent les Trois Mondes du « *Tribbuvana* hindou » A=Le Ciel, O=l'atmosphère et U=la terre, ou encore A=esprit, O=âme et U=corps (La mesure (le *mâtrâ*) des Trois Mondes.)

*

8
La théorie des cycles selon les Vêdâ

Selon les textes védiques *Vêdâ*, un *Manvatara* signifie en sanscrit le cycle de *manu*, d'une durée d'environ quatre millions d'années et plus. Il se divise en quatre autres cycles nommés *Yuga*, non égaux entre eux ni en durée ni en qualité : le temps s'accélérant au détriment de la qualité.

Le 1er cycle *Krita Yuga*, le plus long, correspond à l'âge d'or, le second, le *Tretâ Yuga* moins long correspond à un âge d'Argent, le troisième, le *Dvâpara Yugas* correspond à l'âge de bronze et enfin le dernier, nommé *Kali Yuga*, l'âge de fer, l'actuel, le plus noir, le plus court et le plus difficile pour l'homme parce que plus rapide.

A la fin du *Kaly Yuga* le monde tomberait de nouveau dans le chaos pour renaître dans un nouveau *Mantavara*. Les différents âges sont symbolisés par des métaux du plus au moins précieux qui traduisent la valeur qualitative de ces périodes cycliques. Les différents stades du *Mantavara*, les *Yugas*, sont également impossibles à mesurer avec précision. La seule valeur de rapprochement entre eux sont leurs proportions comparatives qui vont de 4, 3, 2, et 1, dont le total donne 10 pour l'ensemble du cycle. 10 étant 1, un tout et un retour au renouveau. Le passage d'un stade à l'autre ne s'opère pas brutalement mais par mutation d'une rapidité croissante du commencement du cycle vers sa fin: le moment de l'arrêt de la progression. Nous renvoyons le lecteur à l'oeuvre de René Guénon.

Il existe une analogie dans la structure quaternaire de tous les cycles cosmiques, y compris dans celui du déroulement de la vie humaine. Une vie, un jour, un mois lunaire, une année solaire etc. comportent tous leur phase d'apogée pareille au solstice d'Été, aux pleines lunes et inversement au solstice d'hiver et à la lune noire.

Toujours selon la même théorie des cycles indiens, quatorze *Mantavara* forment un *Kalpa*, c'est à dire une année de *Brahmâ*, lui-même inscrit dans un autre cycle. L'entre chaque *Mantavara* se nomme le *pralaya* et à la fin de chaque *Kalpa* le *Mahapralaya*. Le temps n'est donc pas linéaire.

*

Chapitre troisième

Les Trois Mondes dans les religions monothéistes

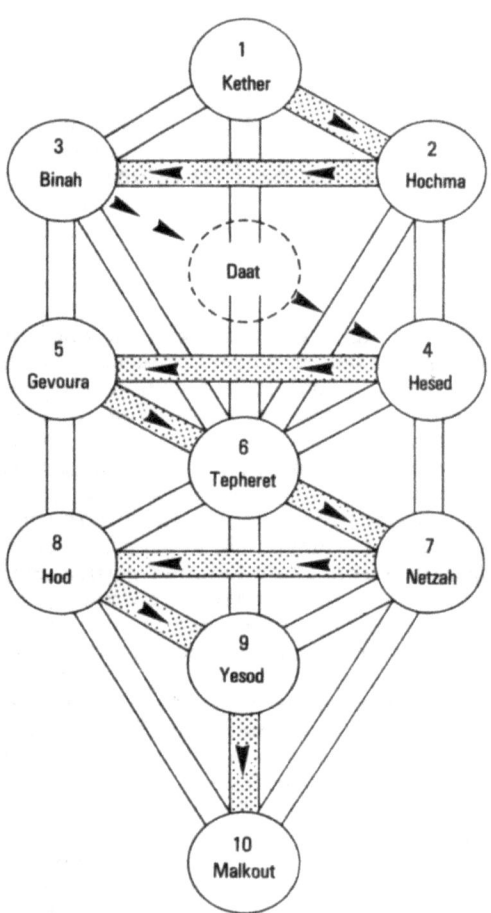

L'Éclair Étincelant

Arbre séphirotique

1
Les Trois Mondes dans le Judaïsme

Le Royaume associé au Temple, siège de la Lumière

Dans notre quatrième tome intitulé «Introduction aux Paraboles de Jésus», nous avons évoqué que le Royaume, donc le Roi, est toujours associé au Temple, souvenons-nous de Salomon. Aussi nous croyons utile de reproduire dans le présent ouvrage une partie de nos réflexions à ce propos.

*

Le Royaume est attaché à une notion spatiale : le Temple, la Maison de Dieu, son palais, sa réplique terrestre. Dans le temple se trouve la Shekinah, lieu de la présence réelle de Dieu, lieu de la manifestation divine. Shekinah, un mot arabo-hébraïque est lié à la Grande Paix.

La construction d'un édifice religieux revenait aux constructeurs en possession du savoir du grand art royal, l'art de construire selon des règles secrètes qui plaisent à Dieu : capter la lumière céleste en un lieu précis de l'édifice promis à Dieu, la Shekinah, lieu ou « loge », le tabernacle symbole du cœur du Monde.

On attribue à Melchisédech, Roi de Paix et de Justice, la construction de la ville de Jérusalem, ville de la Paix comme l'indique son nom. Le roi Salomon y construisit le Temple d'Israël. Le peuple nomade devenu sédentaire y conserva toutefois sa tradition. Ici interviennent des Arméniens venus du Khorossan, réputés pour leur science des constructions sacrées. Ils participèrent de façon indirecte à l'élaboration de la Kaaba à la Mecque considérée comme le cœur du monde.

« *Melchisédech par ses attributs de Roi de Paix et de Justice doit être considéré Roi du Monde et législateur universel. Il ne s'agit pas d'un personnage historique ou plus ou moins légendaire, ce qu'il désigne en réalité c'est un principe : l'intelligence cosmique qui réfléchit la Lumière Spirituelle propre aux conditions de notre monde ou de notre cycle d'existence. Le pont qui relie le monde sensible du monde intermédiaire* ». René Guénon dans le Roi du Monde.

La Shekinah - Le Centre du Monde

René Guénon note que parmi les intermédiaires célestes désignés par la Kabbale Juive, la Shekinah et le Metatron (*Shaddaï*) sont la présence réelle de la Divinité, en référence à la construction du Temple de Jérusalem ou du Temple de Salomon ou encore de Zorabel et de son Tabernacle. C'est l'habitacle divin de la présence réelle de la divinité.

Note : Le Metatron est le gardien, l'envoyé, le médiateur, chef de la hiérarchie initiatique et le pôle terrestre ou l'axe du monde. C'est le centre originel unique et commun à tous les hommes et à toutes les traditions ou religions, enfin à tout le sacré.

Le Pôle céleste, *Mikaël*, (*Melek* roi, *Maleak* ange) envoyé de Dieu, prêtre, l'holocauste et l'oblation devant Dieu, ne possède pas l'aspect de la clémence mais de la Justice, le pouvoir royal et sacerdotal ou pontifical. Jean Tourniac précise que s'il y a lieu d'envisager plusieurs centres ou localisations successives, (Jérusalem, Rome, La Mecque, Lhassa etc.), elles correspondent à différents cycles ou subdivisions d'un autre cycle plus étendu d'un *Manvantara* (l'ensemble des quatre cycles qui le forme) (1).

La substitution de l'alliance abrahamanique à l'alliance noachite, pas plus que celle de l'alliance chrétienne à l'alliance brahmanique ne signifie pas la substitution d'une religion nouvelle à une autre. Jésus avait déclaré : « *Je ne suis pas venu abolir la Loi, mais la parfaire* ».

La *Schekinah* réside en *Malkut* dans l'arbre Séphirotique (Arbre de Vie). C'est la résidence divine ou la présence divine. *Malkut* est le réceptacle de toutes les forces divines. C'est une notion de résidence ou de lieu inséparable de la lumière (primordiale). Et Dieu dit que la Lumière a été créée et, avec elle tout le monde formel. Nous arrivons ainsi aux notions d'établissement et de lieu, inséparables de la Lumière Primordiale. Celle-ci étant, d'une part, effet de la parole dite puis, d'autre part, source du monde formel, ce que Saint Jérôme rend par *eloquium* et par *verbum* ». Il est donc inconcevable dans un contexte traditionnel de séparer la notion de création de celle de sacré. Le mot loge est lié au mot grec *loki*, trou noir ou trou clair. En grec logos mesure, proportion et plan caché par opposition à *loka* : *lux* en latin, qui signifie éclairé. Ces mots sont à l'origine du mot loge et local. Dans le symbolisme hindou, la grande muraille circulaire qui sépare le cosmos *loka* des ténèbres extérieurs *aloka*, se nomme *lok ou loka*.

*

(1)Voir La Spirale des Cycles de Francis André-Cartigny.

Les origines de la Tradition des trois mondes dans les deux autres religions monothéistes

Nous venons de voir la *Shekinah* liée au Temple de Jérusalem. Aussi aborderons-nous son aspect symbolique, dans lequel nous retrouverons les aspects essentiels de la tradition du Roi du Monde dans le Christianisme et dans l'Islam, qui ont leur source dans l'hébraïsme.

Le Roi du Monde est appliqué à Dieu. Il ne faut pas confondre Monde et ce monde. L'Islam établit la différence entre « Le Monde » *el ôlam* et ce monde *el dunyâ*.

La *Shekinah* est la présence réelle de Dieu, elle est aussi celle de la Grande Paix. L'homme accroché à l'axe de l'absolu, s'il s'en éloigne, se rapproche du pouvoir de la puissance de *Sârim*, de qui dépend la « rigueur ». La *Shekinah* c'est aussi la main droite de justice bénissante de Dieu. Elle est associée par la Kabbale juive au *Metatron*, égal à *Schaddaï*, le tout puissant (1).

Schaddaï est le gardien, le seigneur envoyé, le médiateur et l'auteur des théophanies du monde, l'ange de la face et le prince de ce monde, *Sâr ha ôlam*. Il est le chef de la hiérarchie céleste et le pôle terrestre. Celui-ci a son reflet dans celui-là, par lequel il est en relation avec *l'axe mundi*. Ici on relève le parallèle en Islam, à propos de la Mecque, avec la fonction d'Arafa par rapport à la Kaaba. (Voir le chapitre Les Trois Mondes en Islam).

Le grand pontife ici-bas, c'est *Mikael*, le prince de la clémence et de la gloire de la *Shekinah* et du *Metatron*, *il* est aussi la Justice, le Grand-Prêtre et le chef de la Milice Céleste. Il est le principe du pouvoir royal et sacerdotal. Ici nous aurons établi un nouveau parallèle avec Melchisédech, reflet de la lumière céleste.

---

(1) Dans le rite romain de la messe traditionnelle, au moment de la présence divine sur l'autel, après la consécration des saintes espèces, le prêtre conservait le pouce et l'index repliés sur eux-mêmes jusqu'à la petite élévation. Par cette figure on obtient les lettres hébraïques formant le mot *Schaddaï* qui signifie en hébreu Seigneur. A noter que cette figure correspond en arabe au « Très Haut » soit Allah. Les réformes liturgiques de 1969 ont aboli cette rubrique.

Mikael et *Metatron* sont une seule et même figure représentative d'un aspect sombre à côté de la face lumineuse. Cette face obscure représente *Samaël, Sâr ôlam,* le génie du monde, le Prince de ce monde, au sens inférieur du terme. Ainsi ce double sens se retrouve dans le chiffre 666, le nombre de la Bête apocalyptique, symbole solaire au même titre que le Serpent. Ainsi le Lion, signe solaire, symbolise à la fois le Christ et l'Antéchrist. La maison astrologique V, celle du Soleil est placée sous le signe du Lion et reprend ce rapprochement. Cette maison est celle des rapprochements d'une façon générale et celle de la protection de certains « aspects » néfastes que révèle parfois la science des astres chez le natif.

3
Les Trois Mondes en Islam

Les trois mondes en Islam se présentent dans un schéma un peu plus complexe que le Christianisme. L'Islam est une religion cosmologique et universelle clairement exprimée. Le principe reste bien entendu analogue à celui des autres religions monothéistes et orientales. Au même titre que le Christianisme, l'Islam est relié directement à l'Ancien-Testament par Abraham. Toutefois, cette tradition reconnaît les enseignements de tous les prophètes, au même titre que le Christianisme, hormis Mohamed, ainsi que le Nouveau-Testament. En revanche Jésus est reconnu prophète par l'Islam. Nous avons déjà relaté dans le tome premier de la présente collection les origines de cette filiation au Judaïsme ainsi que les origines de la Kaaba à laquelle ont participé Adam, Abraham et son fils Ismaël et enfin le Prophète Mohamed lui-même.

Dans le second tome de la même collection, nous avons également présenté le Pèlerinage islamique de la Mecque, la Kaaba et les différents exercices auxquels sont soumis les pèlerins. Nous verrons que ces derniers s'intègrent dans la figure de la Kaaba, cœur du monde et point d'union totale de l'Islam.

La Mecque est le grand centre spirituel authentique de cette tradition ainsi que la Station d'*Arafa*, haut-lieu du Grand Pèlerinage de la Mecque, le *hajj*, à laquelle la Kaaba est intimement liée. A ce titre, la Maison d'Allah est également associée à la triade orientale des Trois Mondes et nous retrouverons dans sa personnalisation les trois figures associées ou analogues aux Rois-Mages.

Le présent chapitre a pu être élaboré grâce aux ouvrages de Charles-André Gilis, *Cheikh 'Abd ar-Razzâq Yahyâ* ainsi que ceux de René Guénon, *Cheikh 'Abd al Wâhid Yahya*, et particulièrement dans son Roi du Monde (Gallimard).

*

Pour plus de clarté nous introduisons ce chapitre par une précision de Charles-André Gilis extrait de son ouvrage intitulé « La doctrine initiatique du pèlerinage » :

> « *Il importe de mettre en relief le rapprochement remarquable que l'on peut établir ici avec les données de la tradition hindoue où le principe divin est envisagé non seulement en lui-même, mais aussi en tant qu'il « habite » au centre de tout état de l'être « comme dans une ville » : le symbolisme de l'habitation évoque de toute évidence la signification traditionnelle attachée à la Kaaba, la ville où elle s'opère, s'identifiant, pour sa part, à la métropole de la Mekke, symbole islamique de la « Cité divine ».*

La Station d'*Arafa* à la Mecque représente le Centre de l'Être total et la Kaaba, la Maison d'Allah, le Centre de l'Être Humain.(1) Pour René Guénon, *Arafa* représente le pôle céleste non visible, lieu d'*El Elion*, le Très Haut, la réalisation horizontale. La Kaaba représente alors la station terrestre, Emmanuel (Dieu en nous), la réalisation verticale. Ces deux sites représentent les deux phases complémentaires de la réalisation initiatique. « *Il s'agit de deux lieux de manifestation privilégiés d'un principe unique.* »

---

(1) Charles-André Gilis dans son ouvrage intitulé « La doctrine initiatique du pèlerinage.

Les Rois Mages et les Trois Mondes

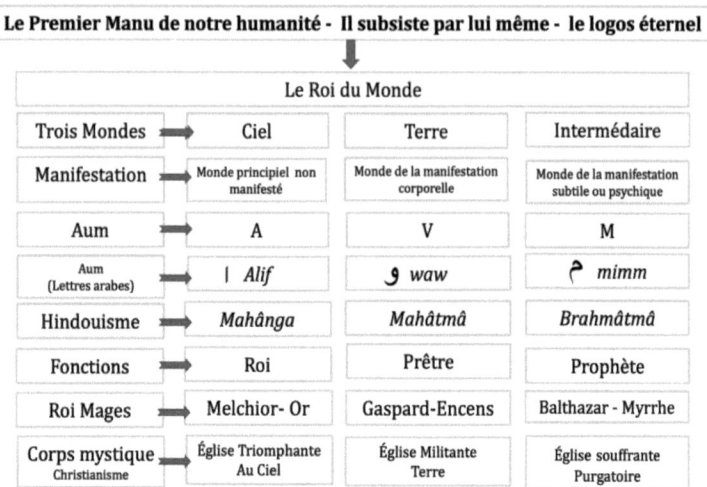

Le Premier Manu de notre humanité - Il subsiste par lui même - le logos éternel			
Le Roi du Monde			
Trois Mondes ➡	Ciel	Terre	Intermédaire
Manifestation ➡	Monde principiel non manifesté	Monde de la manifestation corporelle	Monde de la manifestation subtile ou psychique
Aum ➡	A	V	M
Aum (Lettres arabes) ➡	ا Alif	و waw	م mimm
Hindouisme ➡	Mahânga	Mahâtmâ	Brahmâtmâ
Fonctions ➡	Roi	Prêtre	Prophète
Roi Mages ➡	Melchior- Or	Gaspard-Encens	Balthazar - Myrrhe
Corps mystique ➡ Christianisme	Église Triomphante Au Ciel	Église Militante Terre	Église souffrante Purgatoire

C'est bien à *Arafa* que réside de façon invisible le législateur universel, comparable au premier Manu de notre *Kalpa* (2) le *Swâdyambhuva* issu du *Sawayambhû*, « *celui qui subsiste à lui-même* ou le Logos éternel », c'est-à-dire le Roi du Monde, comme le présente le tableau dessus.

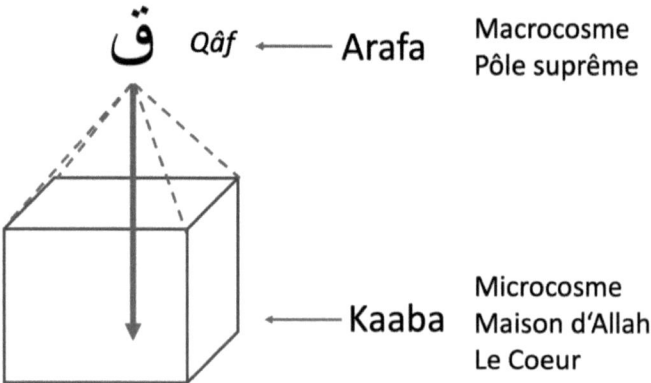

ق Qâf ⟵ Arafa — Macrocosme Pôle suprême

⟵ Kaaba — Microcosme Maison d'Allah Le Coeur

(1) Voir le chapitre de la Théorie hindoue des cycles universels.

La Kaaba, le temple, signifie pierre carrée afin de souligner ses quatre *arkan*, angles, symbolisant les quatre points cardinaux.

Ce symbole n'est pas sans rappeler la création de la voûte céleste selon le *Rig Veda* de la tradition hindoue, sur l'ordre de Dieu aux trois *ribhus* : un architecte, un maçon et un arpenteur. (1) Nous avons tenté précédemment une mise en parallèle de ces trois personnages avec les Rois Mages, dans le sens où ils participèrent à l'œuvre de Dieu.

Nous avons lu en début de ce chapitre qu'Adam fut à l'origine de l'élaboration de la Maison de Dieu, la Kaaba. Adam après sa chute fut investi des pouvoirs du Premier Califat (Saint-Empire). Il représente pour simplifier le « support » de la Kaaba, la Montagne du Califat. Le schéma ci-dessous intitulé « Le Triangle de l'Androgyne » résume la position d'Adam dans le projet de Dieu et résume également symboliquement ce qui est en rapport avec la destination finale de la Kaaba.

Un calife représente le vicaire d'Allah. Adam, ADM, signifiant Adam, David et Mohammed, sachant que tous les prophètes sont un et chaque enseignement reste en vigueur. Adam symbolise par sa position la clef de voûte de la Montagne du Califat.

Ce calife est symbolisé par un triangle dont la base, l'assise représente le *Mahânga* de la tradition hindoue, l'équivalent de Melchior. Le sommet de cette pyramide représente le *Brahâtmâ*, la forme totale de l'homme que Dieu demanda aux anges d'adorer. Nous nous souvenons d'Hârid, le *jinn* qui refusa à Dieu de s'abaisser devant Adam. (2) Enfin l'aire intérieur de ce triangle représente le monde intermédiaire, l'*anima mundi* dont l'action se déploie dans le monde intermédiaire.

Ce sommet que nous venons de présenter est un point fixe et invariable dans toutes les révolutions du monde (3).

(1) Voir ce chapitre dans le présent ouvrage.
(2) Voir Tome 1 La Spirale des cycles.
(3) Qui n'est pas sans rappeler la devise des Chartreux : « *Stat crux dum volvitur orbis* »,

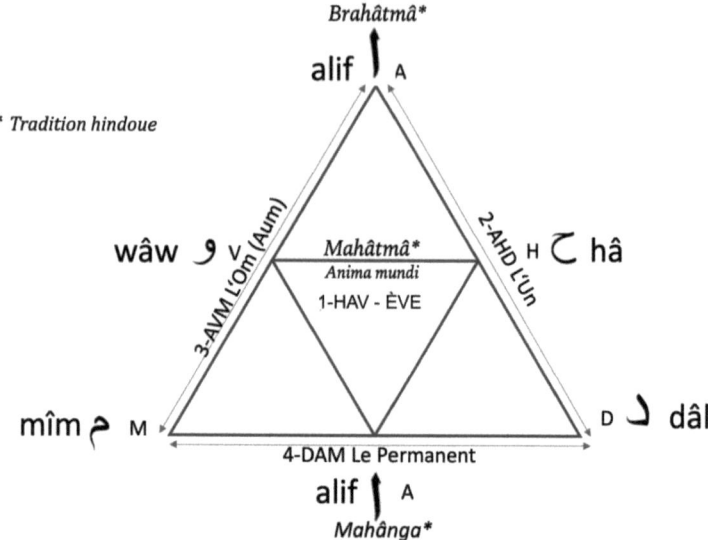

ADM (Adam) La Montagne du Califat

. Il est invisible et trône au-dessus de la Kaaba et se nomme *sâd*, l'ensemble étant coiffé par le *Qâf*.

Avant de poursuivre cette démonstration, il est utile de revenir sur la structure de la Kaaba qui se présente, comme nous l'avons vu, sous une forme d'un carré long.

Les quatre angles symbolisent les quatre directions cardinales qui correspondent aux quatre points cardinaux et aux quatre éléments : *awtâd*, également au nombre de quatre. Ceux-ci représentent les piliers de l'Islam, analogues aux quatre *mahârâjas* des traditions hindoues et tibétaines, c'est-à-dire les régents des quartiers de l'espace.

---

(1)Michel Valsan cité par Charles André Gilis dans la Doctrine du Pèlerinage.

De ces quatre régents, deux seraient respectivement le Pôle du Monde humain et le lieu théophanique ou le lieu de la manifestation de la Vérité Divine, fonction du Roi du Monde. (1)

Pour résumer ces quatre figures dites *awtâd* « *préservent les quatre Directions, et figurent la fonction stabilisatrice nécessaire à la réalisation du Saint-Empire (Califat).* » (2)

La Mecque se présente donc comme le Califat Universel, le pont principiel du départ de la cosmologie. Les quatre angles, les *arkân* de la Kaaba représentent le trône divin avec ses quatre anges symbolisés par le Lion, l'Aigle, le Taureau et le Jeune homme. Ces figures ont une fonction eschatologique importante. Elles peuvent être rapprochées des quatre *mahârâjas* de la tradition hindoue et tibétaine, c'est-à-dire des quatre régents des quatre points cardinaux et des quartiers de l'espace, qui correspondent aux quatre éléments. René Guénon dans son ouvrage le Roi du Monde y fait référence et les rapproche encore des quatre Grands Rois ou les quatre *awtâd* de l'ésotérisme islamique. En définitive ces quatre points sont les quatre principes universels qui ne font qu'un avec le verbe universel résidant au centre du monde humain.

Finalement la Kaaba avec ses attributs de centre du monde représente le pilier de l'Islam et le point central de son expansion, entendons « celui du Verbe ».

Nous avons évoqué la Montagne du Califat, l'Om (Aum), AVM, et nous avons fait connaissance avec quelques lettres arabes.

La Kaaba c'est la maison sainte, le cœur du monde par sa cavité, la demeure secrète du principe divin. Enfin le centre de l'Éther, le 5ième élément, *hawa* ح le double principe d'un double mouvement alternatif d'expansion et de concentration, analogue aux battements du cœur, flux et reflux, diastole et

---

(1) *Cheikh al-akbar* cité par Charles-André Gilis dans son Pèlerinage de la Mecque.
(2) Charles-André Gilis dans le Pèlerinage de la Mecque.

La Kaaba le Trône divin
Les quatre anges de la vision d'Ézéchiel

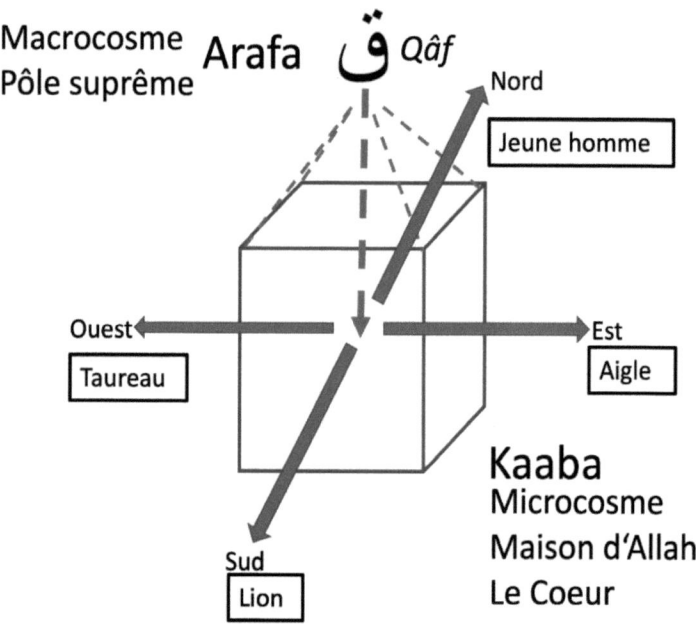

systole : les deux phases complémentaires de tout processus de manifestation. (1)A rapprocher du cœur sacré de Jésus.

Enfin s'agissant d'un simple résumé, il nous faut conclure et se reporter à l'ouvrage de Charles André Gilis, la Doctrine du Pèlerinage qui selon l'auteur représente la seule étude complète parue en Occident sur la signification ésotérique de la *Maison d'Allah et des rites du Pèlerinage Islamique*. L'Islam n'est pas seulement une religion, entendons institution exotérique comme l'Église Romaine, mais aussi une grande tradition ésotérique. Et pour finir disons encore un mot sur le premier des *awtâd*. Il est celui par lequel Allah préserve l'Orient et qu'il a sous sa garde, *walâya*.

(1)A rapprocher du cœur sacré de Jésus.

3
Les Trois mondes
dans le Christianisme

Comme dans toutes les traditions monothéistes le christianisme représente les trois mondes particulièrement dans la construction de ses « temples » et dans sa liturgie, bien que celle-ci ait fait l'objet de grandes réformes par le Concile Vatican II, afin d'exprimer une nouvelle théologie sacrificielle. (1) C'est donc sur la base de l'ancienne liturgie que nous aborderons l'aspect des Trois Mondes dans le Christianisme. Quant aux textes évangéliques, la référence aux Trois Mondes n'apparait que très discrètement hormis l'épisode des Rois Mages.

L'Annonciation

Matthieu inscrit les Rois Mages dans les Évangiles à la manière d'un préambule afin d'établir un parallèle entre le Nouveau Testament et l'Ancien et « démontrait » ainsi la continuité de la Vérité par la venue de Jésus. Quant à Luc, il relate l'annonce de la naissance de Jésus à Marie en citant les paroles de l'Ange annonciateur Gabriel : « *le Fils du Très-Haut* ». L'ange s'adressera à Joseph en songe et lui demandera de nommer l'enfant « Emmanuel », (Luc 1. 21. Dieu en nous), nom

---

(1) Les réformes liturgiques engagées à la suite du Concile Vatican II, ont modifié profondément l'aménagement liturgique des églises, notamment en retournant les autels face aux fidèles dos à l'Orient.

qui se décompose en *manu* et en *el*, et correspond à la doctrine des deux natures. (1)

Dans la nuit de la naissance de Jésus, un ange s'adresse aux bergers en utilisant également le terme archaïque « le Plus-Haut » (*El Elion*), en citant Dieu « dans toute la Gloire du ciel » ainsi que la formule : « *Gloria in excelsis Deo ! et in terra Pax hominibus bonae voluntatis* ». Luc 2. 11-14.

Cette gloire dans le Ciel se réalisera par la Paix sur Terre. La triple Sainteté expose la Gloire de Dieu dans une totale adhésion du cosmos. Alors l'union du Ciel et la Terre marquera l'accomplissement de cette Paix. : *Schalom* est son nom en hébreu, proche d'un autre mot *Sulam* qui signifie échelle : celle de Jacob qui relie les deux pôles que sont la Terre et le Ciel. *Schalom* (2) est l'agrément supérieur, le Ciel, l'apaisement du bas, la Terre, l'agrément inférieur. Ce dernier contient la condition ou la notion de bonne volonté.

A - La liturgie

« *Le symbole de la Croix à six directions se résorbent dans l'Unité du Centre, la Gloire et la Paix unies. Ce centre signifie le Jour UN* ». Nicolas Boon dans « Au Cœur de l'Écriture chez Dervy ».

L'axe Zénith-Nadir représente la révélation de la Gloire du Père venant d'en Haut et la glorification de ce qui est en bas. La croix forme les quatre points cardinaux du monde. L'Est : c'est la source de toute forme d'où surgit la lumière. Ainsi le prêtre et les fidèles se tiennent face à l'autel situé au centre de la Croix dirigée vers l'Orient. L'axe vertical Zénith-Nadir passe très

---

(1) René Guénon – Le Roi du Monde – Chapitre la *Shekinah* et *Métatron*.
(2) Salomon (*Shlomoh*). Son nom est dévié de Salem, qui signifie le Pacifique. Nous retrouvons la désinence Salem dans Islam ou *Moslem* (Musulman), qui signifie la volonté divine. Il est dit que la condition divine est nécessaire à la Paix. Cette condition est rappelée dans la prière du Pater Noster et dans la définition première de l'Islam : la soumission à Dieu (Que ta volonté soit faite).

symboliquement au centre de la pierre d'autel, de telle sorte que l'Orient est la vision du pôle suprême.

Le temple chrétien, l'église de tout village, est un écho ou le microcosme de l'Église Universelle ou du Corps Mystique du Christ. Rome est ce point central où réside le pasteur suprême, le pape, qui par la volonté du Christ bénéficie des grâces de l'Esprit-Saint. Toute tradition possède son centre spirituel, un point fixe qu'elle s'accorde à désigner symboliquement comme un pôle, puisque c'est autour de lui que s'effectue la rotation du monde, représentée généralement par la Roue chez les Celtes, aussi bien que chez les Chaldéens et les Hindous ou encore par le symbole du svastika. Plus près de nous les Chartreux avaient adopté la devise : *Stat Crux dum volvitur orbis* : *La Croix demeure, tandis que le monde tourne.*

La formule latine Gloria in Excelsis Deo

Elle se poursuit par « *Et in terra pax hominibus bonae voluntatis* » traduite par *Gloire à Dieu au plus haut, et paix sur la terre aux hommes de bonne volonté.* Elle apparaît au-dessus de la crèche sur un bandeau tenu par des anges au moment où le ciel est comme une avant-première de l'Apocalypse. Gloria le précise : *Seigneur Dieu, Roi du monde.*

Le chant s'achève par le trisagon : « *Vous êtes le seul Saint, le seul Seigneur, le seul Très Haut avec le Saint-Esprit dans la Gloire de Dieu le Père. Amen.* »

L'Offertoire

La rencontre du Ciel et de la Terre et la descente de Dieu sur l'autel sont les suppliques de l'Offertoire. Au moment de l'encensement des Saintes Espèces les paroles suivantes, tirées du Psaume 116 de David sont prononcées par le prêtre :

Nous offrons seigneur, le calice du salut, suppliant votre bonté qu'il s'élève comme un parfum agréable en présence de votre divine majesté, pour notre salut et du celui du monde entier. Ainsi-soit-il.

Dans le rituel tridentin le prêtre prononce au cours de la bénédiction par l'encens :

Que par l'intercession du bienheureux Michel Archange, qui se tient debout à la droite de l'autel des parfums et de tous ses élus, le Seigneur daigne bénir cet encens et le recevoir en odeur de suavité (in odorem suavitis) par Jésus-Christ notre Seigneur. Amen.

Saint Michel, *Mikaël* porte la balance et l'épée et il est l'ange du Jugement. Les racines arabes et hébraïques *sK (haq)* de *Mikael* signifient Justice et Vérité, ce qui désigne la royauté. L'encensement des oblats, proprement dit, est cette fois accompagnée des paroles suivantes : *a incesum istud+a te benedictum+ascendat ad te Domine.* (*Que cet encens béni par vous Seigneur, monte vers vous*). Ces groupes de mots sont entrecoupés d'un tracé du signe de la croix par l'encensoir. Ils représentent les Trois Mondes : corporels, psychiques et spirituels. Ce qui met ainsi ce rite en perspective avec la Tradition Primordiale des Trois Mondes, symbolisés par les offrandes des Rois–Mages. Suivait, pour achever les paroles :

*Et descendat super nos Misericordia **tua** . (Et que votre miséricorde descende sur nous.)*

Ces paroles sont à nouveau entrecoupées par l'encensoir d'un cercle (sans retour), cette fois. Au dernier mot, «*tua*», l'officiant inverse le tracé du cercle pour signifier la descente de ces Trois Mondes ou le retour à l'Un. Le dernier mot « *tua* » est constitué de la première et de la dernière lettre de l'Alphabet hébreu : l'aller puis le retour.

Avant de reposer le pain et le vin, le prêtre trace avec la patène, puis avec le calice, une croix sur l'autel. Ce rituel possède une double signification : le pain et le vin sont dès lors retirés du monde profane. Les tracés des croix symbolisent aussi les quatre directions de l'espace : désormais le pain et le vin s'identifient à l'espace d'un Saint Empire. C'est une véritable sacralisation de l'autel qui s'opère ainsi, l'autel est considéré comme le centre du monde où repose le corps de Jésus, Roi de ce monde.

J'élèverai la Coupe de la Délivrance

Revenons à la formule latine « *Gloria in Excelsis Deo. Et in terra pax hominibus bonae voluntatis* » traduite par « *Gloire à Dieu au plus haut, et paix sur la terre aux hommes de bonne volonté* ». Elle est d'une profonde signification métaphysique et fait allusion à l'axe des pôles reliant les portes solsticiales.

Quand le prêtre entonne à la Messe, les premières paroles du Gloria, il élève ses mains pour les réunir en décrivant un large cercle. Ce geste plus ou moins déployé de nos jours est celui de l'accomplissement d'une union entre le Ciel et la Terre vers le haut et préfigure le retour à l'unité primordiale, la Paix. Le Ciel et la Terre sont deux pôles reliés par un axe, par une échelle, une voie, celle du Christ; Roi de Paix et de Justice. L'accomplissement de cette Paix sera la Gloire du « Très Haut ». L'agrément du Sacrifice de la délivrance sera sa Gloire et l'achèvement de la volonté divine, si l'homme se tourne vers cette Paix (*Paix aux hommes de bonne volonté*). Nous voici à présent revenus au symbole des Trois Mondes.

*

Melchisédech

Les prières eucharistiques de la post consécration rappellent :

Daignez, Seigneur, jeter un regard de complaisance et de bonté sur ces dons, et agréer ce Sacrifice Saint, cette Hostie sans tache, comme il vous a plu d'agréer les présents d'Abel, le juste, Votre serviteur, ainsi que le sacrifice d'Abraham, notre Patriarche, et celui que vous a offert votre grand-prêtre Melchisédech.

L'Agneau de Dieu, par son sacrifice, symbole apocalyptique du renversement des pôles par leur union, est la condition de la Gloire de Dieu. Le prêtre par sa fonction médiatrice de son sacerdoce, *in persona Christi*, renouvelle ce sacrifice quotidien qui aboutit au renversement des pôles, c'est à dire l'Union. Et il symbolise cet instant en renversant le calice pour boire la Coupe de la Délivrance. Ce geste entrainait un réel renversement de la tête du prêtre afin de symboliser cet évènement à venir, geste limité dans son ampleur, voir supprimé dans la nouvelle messe de nos jours.

A la Communion le prêtre récite encore les versets tirés du même psaume 116 :

Que rendrai-je au Seigneur pour tout ce qu'il m'a donné ? Je prendrai le calice du salut et j'invoquerai le Nom du Seigneur. J'implorerai le Seigneur et je le louerai et je serai délivré de mes sentiments (1). Ps 116. 12-13

L'abbé Boon auteur de ce merveilleux livre « Au Coeur de l'Écriture » place le Calice au cœur du monde en associant le Rite Eucharistique au Centre des six directions du grand palais (*alkal ha-gadol*), désignant la *Schekinah*, c'est à dire la présence

---

(1) Les « sentiments » sont en effet une des conséquences du péché originel. « La Spirale dez Cycles », tome 1 de Francis André-Cartigny.

réelle de la divinité au centre du monde. L'autel chrétien étant de ce fait le cœur du temple qui correspond à la coupe. La conformité ou le rapprochement avec la Tradition Primordiale ne peut pas nous échapper ainsi que le symbolisme des Rois-Mages et de Melki-Tsedeq, Roi du Monde.

L'Eucharistie

A la fin du chapitre précédent nous évoquions la Croix dans l'espace à six branches, symbole des six jours ou des six lumières (*die*) de la création. Les quatre branches passant par les quatre points cardinaux forment une intersection, par laquelle passe verticalement l'axe du zénith-nadir, lieu et milieu de tous les possibles, source de toute forme d'où surgit la lumière : le septième rayon invisible. Les fidèles, pour assister à la messe, empruntent l'axe Est-Ouest en direction de l'Orient pour atteindre ce lieu de rencontre cosmique, symbole du cœur du Monde. Celui-ci est commun à toutes les grandes traditions. La Tradition rabbinique le nomme le Grand-Palais, *Hekal he-gadol*, la Chambre du Roi, le Pacifique, source de toute paix.

A cet endroit précis, dans toutes les églises du monde est célébrée la Messe dès la période naissante de la lumière (minuit) jusqu'à l'heure de sa plénitude au zénith (Midi), comme le rappelle le psaume 112.3 (1) :

A solis ortu usque ad occasum, laudabile nomen Domini.
Du lever du soleil jusqu'à son couchant, loué soit le nom du Seigneur !

Après le Pater Noster le prêtre saisit la coupe de la main gauche et l'hostie de la main droite pour réaliser une petite élévation à hauteur du cœur, de sorte que l'hostie trône au-

---

(1) Les réformes liturgiques de 1969 permettent la célébration eucharistique à toute heure de la journée, ce qui représente une perte de tradition regrettable.

dessus de la coupe. Cela symbolise la résurrection du Christ et rappelle un autre symbole ancien, le soleil au-dessus de l'arbre ou l'étoile au-dessus de l'arbre de Noël. Il s'agit de la plénitude de la lumière.

En guise de conclusion de ce chapitre sur l'Eucharistie, nous reprenons un texte de l'Abbé Stéphane dans son ouvrage « Introduction à l'Ésotérisme Chrétien » :

> *L'Eucharistie est essentiellement le sacrement de l'Unité : unité de Sacrifice, du Sacrificateur et de la Victime, et également Unité du Corps du Christ sous le double aspect du Corps Mystique et du Pain Eucharistique. La Paix et la Charité, éléments constitutifs de cette Unité, ne doivent pas être entendues dans un sens purement humain, psychologique ou sociale, car elle nous ramène à Melki-Tsedeq, Roi de Justice et Roi de Paix, et elle s'identifie à la Justice, à l'équilibre et à l'harmonie qui sont les attributs de l'être.*

Le calice et la patène et les Saintes Espèces

La coupe se rapporte à la Patène, comme le ciel se rapporte à la Terre.

> *Le calice, symbole, cesse d'être un objet purement utilitaire. Il devient transparence nous permettant de voir, à travers lui l'invisible. Il remplit une fonction aux dimensions cosmiques et métaphysiques et devient une véritable clef qui ouvre la porte donnant sur ce que la liturgie appelle « Le Mystère de la Foi : Mysterium fidei.* Abbé Boon – Au coeur de l'Écriture.

Note : Le père Boon, rappelle que le contact avec Dieu, voir son union avec lui, ne peut se produire que dans le cœur et qu'il soit coïncidé avec le cœur du Monde, le macrocosme. L'Église est un microcosme, et particulièrement l'autel qui représente l'échelle de Jacob ; la prière dans l'ancien rite le rappelle bien : « *Que cette offrande soit portée par les mains de votre saint ange jusque sur votre autel en présence de votre divine majesté.* »

C'est en cela qu'il est dit que le Sacerdoce est éternel et que la Saint Sacrifice se renouvellera dans le Ciel éternellement. Le calice est en étroite relation avec le cœur du Monde. Il symbolise l'homme parfait en tant que médiateur entre le Ciel et la Terre. (Voir le croquis).

B- Les lieux de culte

La pierre d'autel

Le culte des morts dans l'Eucharistie chrétienne vient des païens qui célébraient un repas funèbre souvent sur les tombes mêmes des défunts (appelées pierres de mémoire). Mais il n'est pas certain que la pierre d'autel en soit l'héritière.

Les autels chrétiens, comme la Tradition l'exige, sont de véritables pierres carrées longues. Au milieu de celles-ci, l'évêque consécrateur incruste des saintes reliques, lors d'un véritable travail de maçonnerie. Ces pierres d'autel ou de sacrifice présentent au centre une petite croix noire ainsi que dans chacun des quatre angles. Elles symbolisent la Terre et ses points cardinaux avec son centre solaire, placées en rappel de la pierre angulaire à la clef de voûte du dôme ou de l'abside. Comme la Pierre de Luz de Jacob, elles sont ointes et lustrées. Elles accueillent comme un tombeau des reliques saintes   et correspondent à l'autel céleste ou au « Lit de Salomon ».

Pierres sacrées

Les pierres sacrées furent laissées à l'état brut lors d'un autre âge de la Terre. Elles marquaient les frontières, les limites, les points de réunion pour les discussions des affaires diverses avec les voisins.

Vouées au culte divin sur les hauteurs, situées dans les vallées, elles servaient à l'intronisation des souverains ; Ainsi la pierre du « Bas » symbolise la Terre et la pierre du «Haut», le pouvoir divin.

Sacrées et inviolables, taillées sur quatre faces elles marquaient le territoire. Qui arrachait une borne était mis à mort ! Elles étaient toujours posées en parallèle avec le Ciel. Ainsi nous connaissons la pierre de fondation de tout édifice sacré, placée dans l'axe de la pierre angulaire, située au sommet de la Maison, de la pyramide, du temple ou de l'église.

La *Kaaba*, traduite par « cube » de l'arabe ou même par « la maison du pain», est le foyer du sanctuaire de la Mecque. Outre sa riche symbolique sacrée, elle symbolise la « Pierre de fondation », située à l'extrémité terrestre d'un axe divin qui traverse tous les cieux.

Nous avons tous en souvenir les cérémonies de la pose de la première pierre d'un immeuble par une personnalité. Cette cérémonie profane n'est que le pâle reflet d'une Tradition dans la construction d'immeubles ou de sanctuaires dans le monde moderne. La construction d'une nouvelle église donnait lieu à sa consécration par un ou plusieurs évêques. C'était un «véritable travail» de maçonnerie au cours de la cérémonie avant la dédicace des douze piliers de l'édifice religieux.

De tout temps, la pierre fondamentale d'un temple traditionnel était posée à l'angle Nord-Est de l'édifice religieux en projet. Chaque base angulaire reposait sur une pierre analogue et marquait l'angle d'un carré symbolique, sur laquelle pierre figuraient les quatre points cardinaux de la Terre. L'autel, la pierre du sacrifice, placée au centre du temple devait être ajustée dans l'axe de la pierre angulaire, située au sommet de l'édifice. La construction des pyramides est très significative à ce propos.

Or il ne faut pas confondre pierre angulaire et pierre fondamentale. Les livres de la franc-maçonnerie anglaise parlent de « corner stone » pour la pierre fondamentale et de « *keystone* » pour la pierre angulaire et comme le mot l'indique c'est la « clef de voûte ».

Les autels chrétiens, comme la Tradition l'exige, sont des pierres carrées longues. Lors de la consécration de l'autel du sacrifice par l'évêque, une pierre carrée parfaite, dite de la Terre, est incrustée au centre de l'autel. Elle est marquée aux quatre coins et au centre, d'une croix. Elle symbolise la Terre et ses points cardinaux. Son centre solaire rappelle symboliquement la pierre angulaire. Nous verrons dans les chapitres à venir, qu'à l'offertoire le prêtre présente à Dieu le pain, l'hostie sur la patène, avant de la déposer sur le corporal recouvrant la pierre d'autel. Celle-ci est apparentée à la Terre, aussi l'officiant la tient des deux mains avec les seuls pouces et l'index de façon à rappeler les quatre directions cardinales. Rappelons, que ces gestes sont en relation avec la pierre incrustée dans l'autel, comme nous venons de le voir.

Cette pierre, comme la Pierre de Luz de Jacob, est ointe et lustrée. Elle contiendra des reliques saintes et forme une sorte de tombeau. Enfin, elle sera recouverte du corporal lors des messes. Ce linge de lin est l'image du végétal de la Terre, nécessaire à la vie.

Enfin Pierre, l'apôtre est la « pierre », sur laquelle Jésus construira son « Église », et les « Portes de l'Enfer ne prévaudront pas contre elle ».

*

L'église, un lieu redoutable

L'introït du Dimanche de la « Dédicace de l'Archi-basilique du Très Saint Sauveur à Rome » nous rappelle que : « *L'église est la demeure de Dieu, un lieu redoutable et la Porte du Ciel.* » En astrologie sacrée, la Porte du Ciel est celle du Capricorne, le lieu et la direction du retour de l'astre Solaire. Les Saintes écritures précisent que « *Jacob posa une pierre de fondation ointe et l'échelle vers une ouverture du Ciel* ».

L'espace et le temps sont les caractéristiques essentielles du cadre de la liturgie. Les trois Messes de Minuit de Noël, au solstice d'hiver, Porte du Ciel, et les trois autres Messes de la Saint-Jean des Templiers, au solstice d'Été, Porte des Hommes, le soulignaient. Pour ces raisons, avant la réforme liturgique de Vatican II, une messe vespérale ne pouvait être autorisée. Elle ne pouvait être célébrée que dans la période ascendante du retour de la lumière, de minuit à midi. Et c'est le sens de ces messes dites jadis à minuit au moment des solstices d'Été et d'Hiver. Certes au Solstice d'Été, le Soleil atteint son apogée avant sa déchéance. Or cette déchéance n'est que l'annonce du retour vers Noël, le solstice d'Hiver représentant le retour de la remontée du Soleil.

Ainsi, les églises, de véritables barques, furent « orientées » vers l'Est ou vers le Soleil levant, puis vers Jérusalem ou vers Rome ou encore vers tout autre centre ou siège spirituel, même conventionnel. Depuis les réformes des années soixante, le prêtre n'est plus le timonier de l'église et des fidèles dos à l'assistance et face à l'Orient. Sa fonction est réduite à celle d'un simple barreur orienté par le peuple des fidèles.

Vouées au culte divin sur les hauteurs, mais situées dans les vallées, les pierres sacrées marquaient le point d'intronisation des souverains, comme ce fut le cas de la *Liafail* ou la Pierre fatale des rois de l'ancienne Irlande. Ainsi la pierre du « Bas » symbolisait la Terre et la pierre du « Haut » le pouvoir

Église catholique construite selon le schéma des Trois Mondes

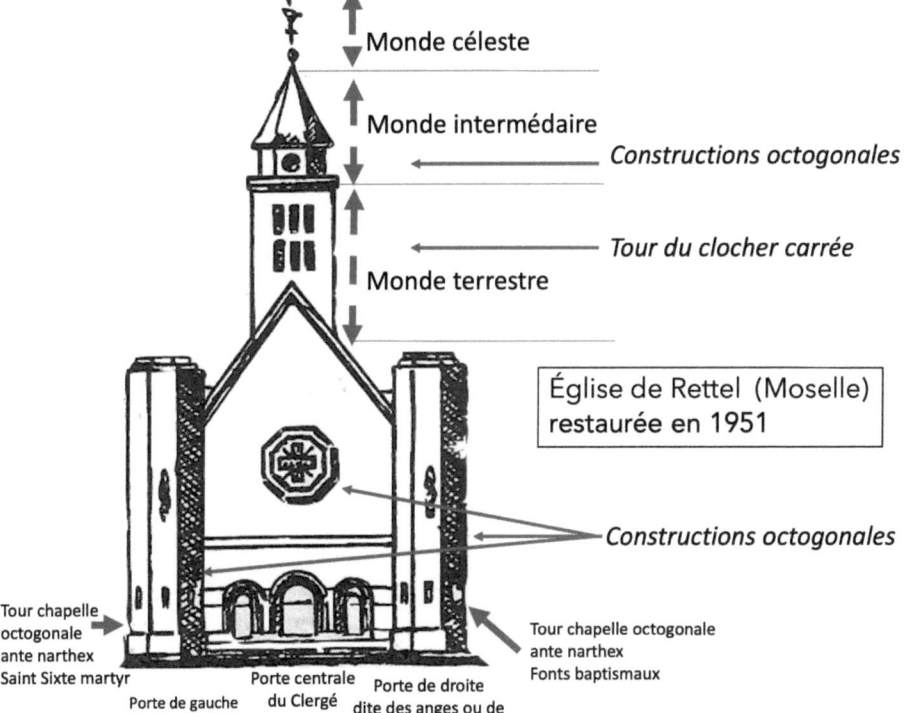

Monde céleste

Monde intermédaire

Constructions octogonales

Tour du clocher carrée

Monde terrestre

Église de Rettel (Moselle) restaurée en 1951

Constructions octogonales

Tour chapelle octogonale ante narthex Saint Sixte martyr

Porte centrale du Clergé

Porte de gauche Saints Martyrs

Porte de droite dite des anges ou de Saint Laurent

Tour chapelle octogonale ante narthex Fonts baptismaux

Narthex: *Portique élevé en avant de la nef, dans les anciennes basiliques et où se tenaient les catéchumènes, les énergumènes et les pénitents auditeurs qui devaient être isolés de l'ensemble des fidèles.* (Définition du CNRTL).
De nos jours le narthex existe toujours, mais de façon informelle, sa limite est marquée par les bénitiers. Ainsi les fonts baptismaux se trouvent avant le narthex, l'impétrant au baptême étant considéré catéchumène.

divin. C'est le sens du symbole et de la relation entre le microcosme et le macrocosme.

Les constructions des temples du christianisme originaires d'Orient, furent toutes naturellement non pas inspirées des temples orientaux, parfois égyptiens, mais conçues selon la Tradition tout simplement, sachant qu'il n'y a qu'une seule Tradition.

Le carré et le cube symbolisent la Terre. Le cercle ou la sphère symbolisent le Ciel. Les églises furent souvent dans leurs formes et leurs conceptions proches des temples des religions voisines ou passées. On remarquera que la Tradition Islamique, postérieure au Christianisme, a tout naturellement repris les principes traditionnels de toujours qui présidaient à la construction des édifices voués au culte divin, c'est-à-dire généralement un cube sur lequel se pose une coupole.

Il y aurait encore beaucoup à dire à propos de la construction des temples et des églises mêmes, ne serait-ce que ceux des simples petits villages. L'église est donc ce lieu terrible, la Porte du Ciel, ce lieu mis en parallèle avec l'Univers comme le rappellent les douze piliers, les douze apôtres, les douze constellations de l'Univers. Cela n'est pas sans rappeler les Douze Nuits Saintes entre Noël et l'Épiphanie, symboles de la construction d'une nouvelle humanité chrétienne, où le « Pain de vie », l'Eucharistie, réside au centre c'est-à-dire le Corps Mystique du Christ.

L'abside, de forme demi-sphérique, rappelle la voûte céleste. Le maître autel symbolise le Soleil. Sortis de l'abside aux limites de la nef se situent à gauche l'autel de la Vierge symbolisant la Lune et à droite l'autel de Saint-Joseph, symbolisant l'étoile géométrique. Joseph, le charpentier, l'architecte de la voûte céleste reste pour cette raison le saint patron de l'Église Universelle.

On comprendra mieux ainsi la construction et l'orientation du maître autel sur lequel (au cours de l'Eucharistie) brûlent six cierges symboles des planètes solaires et à leur centre la Croix, le grand soleil au-dessus du tabernacle et des saintes espèces. La forme semi-sphérique de l'abside représente le cosmos. Nous retrouvons dans l'Offertoire et dans le Canon de la Messe les différentes étapes de la présentation des oblats par le prêtre vers les quatre directions de l'univers.

La tour octogonale et son symbolisme

Le cube et le carré symbolisent la Terre, la sphère ou le cercle représente le Ciel.

Entre Ciel et Terre se propose le monde intermédiaire, le stade de la transformation ou du passage d'un monde à l'autre. L'octogone, colonne à huit côtés, reprend en fait deux carrés égaux et schématise le mouvement rotatif du carré pour atteindre la forme sphérique. A ce stade il figure l'étoile à huit branches ou même la couronne d'épine du Christ souvent représentée par deux carrés décalés. Elle est le chemin de souffrance qui aboutit à la sphère, le salut, la difficile quadrature du cercle finalement constituée.

L'année liturgique représente cette progression que symbolisent les huit périodes de l'année. La figure géométrique présente alternativement les points cardinaux et les quatre directions intermédiaires, c'est-à-dire les huit directions cosmiques, que l'on retrouve dans la Croix dans l'espace, dans lequel espace se situent les quatre éléments corporels : terre, air, feu et eau, et les quatre éléments sensibles : chaud et froid, sec et humide. Ces directions symbolisent les huit points de base du monde subtil et du domaine psychique.

Le centre de ce monde intermédiaire entre la Terre et le Ciel, imagé par l'octogone, est traversé par le souffle vital. Dans les édifices religieux, il s'exerce par le passage de la porte solaire située à l'ouverture du dôme vers la base du cube où se trouve le « foyer » ou l'autel des églises chrétiennes.

Le passage de la Terre au Ciel s'effectue ainsi par régénération qui s'opère dans le domaine psychique de l'individu et qui appartient par nature au monde intermédiaire.

Et c'est bien également dans les églises chrétiennes, par le véhicule de l'eau que s'effectue cette régénération. C'est le sens véritable du baptême qui ouvre à l'impétrant le passage d'une vie à l'autre par la renaissance, grâce à l'eau et à l'esprit. C'est dans la nuit de Pâques ou de la Pentecôte que le prêtre procède à la bénédiction de l'élément vital de l'eau. Le prêtre, en consacrant l'eau, émet son souffle sur elle. Cette action formera sur la surface de l'eau la lettre grecque psy : Ce n'est pas un hasard.

Dans les églises traditionnelles on aura remarqué la forme octogonale du pilier de soutien des baptistères, des fonts baptismaux et des bénitiers etc.... Ce mobilier religieux est placé au fond de l'église entre la nef et le narthex. A des époques plus anciennes, il se situait à l'extérieur du sanctuaire au passage obligé de la régénération ou de la purification. Avant de pénétrer dans l'enceinte sacrée comme le rappelait le tertre ou le cimetière autour de l'église, il s'agissait de se purifier.

La lettre grecque psy

Chapitre quatrième

La chute de la Tradition

1
Les papes renoncent à la tiare

Paul VI, devant l'intervention de Mgr Lefebvre, proclama que le concile présent serait encore plus important que celui de Nicée. On supposera d'après cette fracassante déclaration du pape lui-même que l'Église constantinienne allait disparaître devant une nouvelle église non pas essentiellement romaine mais universelle (ce qu'elle était déjà). Plus tard le pape Benoît XVI reprenait à son tour cette déclaration en précisant que les réformes entreprises par le Concile Vatican II concernaient l'ensemble de l'histoire de l'Église jusqu'à l'Empereur Constantin au delà même de celui-ci.

On peut donc déduire de ces déclarations « surprenantes » que le Concile Vatican II revenait sur un des textes fondateurs de l'Église Constantinienne basé essentiellement sur les quelques phrases reprises dans les Évangiles de Jean et de Matthieu qui élevèrent Pierre au rang de Successeur du Christ dans les Trois-Mondes. Or depuis le Concile Vatican II, les papes et plus précisément le pape François, se présentent avant tout comme « Évêques de Rome » et « Pères entre les Pères » conformément aux nouvelles constitutions conciliaires, notamment celle nommée « Lumen Gentium ».

C'est donc en plein Concile que le pape Paul VI dépose sa tiare devant tous les évêques réunis en session pour ne plus jamais la remettre comme tous ses successeurs. Par ce geste le pape renonce à la triple couronne et à un attribut hautement symbolique : la tiare, le *triregnum* à trois couronnes, symbolisant la triple royauté du chef de l'Église. Ce geste signifie ainsi la rupture définitive du catholicisme avec sa tradition romaine et voir avec Melchisédech ou les Rois Mages. Ceci remettait en cause toute la philosophie de l'organisation politico-religieuse traditionnelle que commandait la doctrine des Trois Mondes et de celle de Roi du Monde, comme elle était appliquée par le Saint Empire Romain Germanique dans son fonctionnement et ses structures. Cette scène, très médiatisée, d'une grande portée symbolique, intervient au cours d'une session de Décembre 1965 et annonçait des réformes jamais connues dans l'Église. La question qui se pose à la suite de ce geste d'une importance capitale : Rome, la ville Sainte, reste-t-elle toujours un pôle spirituel rayonnant? L'Église est-elle encore romaine ?

Qu'en est-il depuis le dernier Concile Vatican II ? Ce concile est à l'origine de la naissance de diverses « fraternités catholiques traditionalistes » jugées dissidentes par Rome à la suite de leurs désaccords profonds, soutenues par une part non négligeables de fidèles catholiques avec les réformes liturgiques de 1969. On aura retenu que les réformes de ce concile sont bien plus profondes et concerne un renversement total de la théologie sacrificielle avec le dessein non avoué d'un rapprochement à terme fusionnel d'une seule religion mondiale.

Infaillibilité pontificale

Sujet délicat dans un monde ne supportant pas l'autorité supérieure en matière supra sensible. Question débattue au Concile Vatican 1er et qui entraina quelques schismes comme celles des Petites Églises en Allemagne dans le sud de la France.

En Islam ou dans l'hindouisme, l'infaillibilité doctrinale est chose fort bien admise, compte tenu du fait que la tête d'un pontife est «plongée» dans le monde supra sensible. René Guénon, faisait à ce propos la remarque que l'infaillibilité doctrinale du souverain pontife n'était pas choquante et se comprenait par la position d'un pontife et disait s'étonner qu'il n'en n'existait qu'un seul (pontife) infaillible dans le catholicisme.

*

Les Armes de Rettel (Moselle) - Saint Sixte, pape au 3ième siècle.

La clef en or en position axiale (droite) reste un des mystères des plus fermés de l'initiation sacerdotale, alors que la clef d'argent est réservée à l'initiation royale. Elle symbolise la langue, c'est-à-dire la parole, la clef qui ouvre le cœur et la pensée. Un Livre est soit ouvert soit fermé. Il est complémentaire de la clef, donc de la parole et du cœur. Les écritures viennent de la parole et doivent être lues en paroles (la clef ressemble à un livre fermé). L'écriture étant figée par nature, elle permet ainsi la recherche constante de la vérité. Le livre ouvert horizontalement souligne l'infaillibilité.

2
La fin du Saint-Empire
Les conséquences de l'intrusion de l'écrit dans la Diète

Armes du Saint-Empire Romain Germanique 1519

Une des fonctions principales de l'autorité spirituelle consistait à respecter rigoureusement la transmission orale. La véritable fonction du sacerdoce était par conséquent une fonction d'enseignement de la connaissance. Le mot clergé ne signifie pas « savant », il se distingue du mot « laïc » ou « profane », l'homme ignorant la connaissance spirituelle. LaRenaissance marque la rupture du monde occidental avec ses doctrines traditionnelles.

Qu'est-ce qu'un pontife infaillible ? C'est un représentant authentique d'une doctrine traditionnelle, nécessairement infaillible, au titre de sa fonction, quand il parle au nom de celle-ci. Dans l'Islam tout mufti est infaillible en tant qu'interprète autorisé de la *Sharia*.

Depuis la Renaissance, l'abandon des symboles au profit de l'écrit dans le déroulement des diètes allemandes fut le signe annonciateur du déclin de la puissance du Saint-Empire Romain Germanique et de sa chute en 1806 par déposition de l'Empereur d'Autriche par Napoléon 1er.

L'évolution de la tenue de la Diète (*Tag*) illustre la dégradation progressive des traditions en Europe. Les constitutions anciennes, par leur peu d'écrit, se distinguaient ainsi de nos constitutions contemporaines. Elles étaient faites pour exister hors du temps et de l'Espace, ce que devait être l'Évangile. Les nombreux symboles, que constituaient les ornements et les vêtements de l'Empereur, du protocole et du déroulement de la diète et de ses assemblées etc... étaient censés rappeler la nature divine du Droit du Saint Empire. Les constitutions modernes sont écrites. Elles définissent les conditions du droit à venir et les règles nécessaires à leurs propres modifications. Tout contrat prévoit les clauses et les dispositions de fin de contrat et ses conséquences. Elles ne relèvent que du droit écrit. Le droit moderne correspond à un droit modulable, comme le définit le mot moderne lui-même (modus). La tradition se réfère à l'absolu, la modernité au changement.

La constitution de la Diète ne fixait pas le lieu de sa prochaine tenue, mais elle définissait la durée de sa constitution afin de concilier le temps et l'espace. Elle était censée durer quatorze jours, (*vierzehn*) soit une demi-lune. La présence physique de chaque Prince-Électeur ou des divers membres était obligatoire. L'investiture était solennelle, *sollus annus*, c'est-à-dire considérée comme un sacrement et le fait de s'asseoir à la table des repas lors de la diète, signifiait la reconnaissance de tout ce qui avait été dit dans la journée.

Le respect du cérémonial et du protocole devant témoins se substituait aux procès-verbaux. Le rituel annuel permettait de refonder l'autorité de l'Empereur, comme l'aurait fait le sacrifice d'une paraliturgie. L'Empire était un *corpus mysticum*. Après la Diète de Worms en 1555, les protestants allaient provoquer sa fracture. L'autorité même de l'Empereur et de ses symboles furent remittait en cause. Le Traité de Westphalie en 1648 mettait un terme à la Guerre de Trente Ans et portait en germe la mort programmée de l'Empire.

Le Traité en question annonçait l'émergence du système moderne des relations inter-étatiques. Ce fut le commencement de l'égalité dans l'*Aula* des Diètes. La codification de l'écrit prenait le pas et développait « la forme pour l'essentiel ». La présence physique des électeurs, indispensable à la constitution du *corpus mysticum*, fut de moins en moins respectée. Cette situation développa la pratique de la représentation et de la délégation de pouvoirs de représentation aux séances et donna naissance à la pratique des comptes rendus. Ainsi l'écrit, de plus en plus présent, créait par nécessité le « Droit » et la profession de juriste. Bien entendu les conflits se multiplièrent et donnèrent lieu à des confrontations devant les tribunaux.

L'élection du Roi de Rome (l'Empereur) fonctionnait de façon analogue à un concile ou au conclave de cardinaux réunis pour élire le Pape. Le secret était de rigueur afin que chaque électeur puisse choisir son candidat selon son libre arbitre. L'égalité dans les rangs avait supplanté l'égalité de cœur devant Dieu. Un rite de passage marquait cet évènement et les passages sont toujours dangereux. La séparation confessionnelle intervenue après 1648, à la suite de la Réforme et de la Paix d'Augsbourg de 1550, n'allait pas favoriser le fonctionnement des Diètes et de l'Empire.

Le Traité de Westphalie avait rang de loi fondamentale de l'Empire. L'*Aufklärung* (les Lumières) qui s'en est suivi avait divisé le Saint-Empire jusque dans les communautés mêmes, comme une frontière religieuse dans chaque village. La

Tradition et les usages évoluèrent au cours de plusieurs siècles et aboutirent à l'immobilisation du pouvoir impérial. La politique de l'Empire relevait essentiellement des Affaires Étrangères...

*

Un saint empire représente le rassemblement d'une tradition universelle dont le pouvoir est partagé entre un chef religieux et un chef politique, c'est le principe de la « Royauté et du Pontificat » dont nous avons fait état. De nombreuses institutions furent par le passé placées sous ce même principe, qui tient ses origines dans la Tradition Primordiale transmise par l'Orient. Le premier chef de ce saint-empire fut, si on ose dire, Abraham à qui revint les fonctions suprêmes de Prêtre et de Roi de Justice que lui a transmis Melchisédech.

L'Islam considère Adam comme le premier Calife, le vicaire d'Allah. Voir le chapitre « Les Trois Mondes dans l'Islam, la Montagne du Califat».

Toutes ces traditions reposent sur un temple, le pôle divin duquel le chef spirituel tient son autorité et son savoir. Ce fut le cas de David et de Salomon constructeur du Temple de Jérusalem. En Islam ce temple est représenté par la Kaaba.

René Guénon à ce propos évoque Dante dans son Traité de *Monarchisa* et assigne à l'Empereur la conduite de l'humanité à la félicité temporelle, l'Âge d'Or, malheureusement l'Europe est plongée au 16 et 17ième siècle dans des guerres de religion et ses conséquences, la Guerre de Trente ans s'achève par le Traité de Westphalie en 1648 et empêchera la poursuite de cet idéal à jamais. Dès lors le Saint-Empire, paralysé par une Europe de Traités commencera sa lente dégradation qui s'achèvera avec la déposition de l'Empereur par Napoléon 1er à Vienne en 1806 .

« Déjà quelques années auparavant, ce fut dans des conditions fort obscures que s'opéra la reprise de l'idéal du Saint-Empire par la Franc-Maçonnerie et son siège sera New-York sous le titre de « Conseil des

Empereurs d'Orient et d'Occident » (1). La Franc-Maçonnerie avait depuis 1777 abandonné son état « opératif » pour devenir « spéculative » à l'initiation virtuelle. Etienne Morin fonde le 1er conseil du Rite Ecossais et donnera naissance à un organisme officiellement nommé « Suprême Conseil du Saint-Empire ».

Cependant, le souverain autrichien en titre « Empereur du Saint-Empire » conserva son titre d'Empereur mais précisé d'Autriche. Il continua à bénéficier de certains privilèges que lui accorda le Saint-Siège en sa qualité de Majesté Apostolique d'un droit de véto au Conclave des cardinaux, qu'il utilisera en 1903 provoquant ainsi l'élection du Pape Pie V très conservateur. Dès son élection le nouveau pape abolissait ce droit de véto de l'Empereur d'Autriche.

Armes du Saint-Empire Franc-Maçonnique du rite écossais

(1)Dans un article intitulé « Le Saint-Empire - Dans les cinq rencontres de Pierre et Jean » de Denys Roman » Les Cahiers de l'Herne - René Guénon 1985.

3
Réflexions finales et conclusion

Israël attendait un nouveau David en la personne du Messie, un nouveau roi qui allait délivrer le royaume de ses ennemis et de l'occupant romain. Or Jésus représentait l'antithèse de cette attente, il venait annoncer le Royaume de son Père et régénérer le Judaïsme. Certes Jésus était ce roi qu'annonça l'Ange Gabriel mais un roi de Paix. Comme toute royauté divine, elle se reflète non pas dans un palais, mais dans un Temple, la *Sekinah*. Ainsi Jésus annonça la destruction du temple de pierres, scandalisant les prêtres en déclarant lui-même temple. Aux yeux du pouvoir politique et religieux de Jérusalem, Jésus ne pouvait être ce Messie considéré comme un imposteur blasphématoire. Il fut mis à mort. Celle-ci contre toute attente allait faire imploser Israël et son message allait enflammer tout l'Empire Romain.

Rome se présentait dans une situation de fragilité intérieure et menacée de l'extérieur. Et voici qu'elle devint la Ville Éternelle, le pôle spirituel du Judéo-Christianisme pour devenir celui du Christianisme et sauvait ainsi en quelque sorte l'Empire. Le christianisme allait devenir Romain, avec ce que cela implique : une institution de droit romain, déracinée peu à peu du Judaïsme. On a fait de Jésus un Christ-Roi dominateur et inquisiteur à la manière d'un César à qui on doit rendre ce qui est à César. Jésus n'a pas voulu cela, il l'a démontré.

Cependant l'Église Romaine conservait et même allait cultiver sa tradition orientale des Trois Mondes, faisant de Jésus le Roi du Monde.

Si le monde chrétien d'alors conservait ses principes orientaux de ses relations avec le Ciel, il allait se romaniser. Le pouvoir politique peu à peu supplanta le pouvoir du pape, le véritable « calife », si on ose dire, du Christianisme. Au nom de Jésus en agitant la menace imminente de la fin des temps on allait soumettre toute l'Europe et plus encore les deux Amériques et l'Afrique, alors que le Moyen-Orient chrétien sera partagé avec l'Islam. L'extrême-Orient par sa tradition multi-millénéaire restait fidèle à lui-même conservant ses croyances.

Le 16ième siècle annonçait déjà les fissures du Christianisme Romain. Les populations d'origine celtique : France, Espagne, Portugal, Italie, Rhénanie et Autriche allaient s'opposer religieusement aux populations d'origines Anglos saxonnes et germaniques. Le Saint-Empire se fracturait et dès lors apparurent des schismes. Cette faille délivrait quelques réminiscences d'un monde «tribal» celtique et germanique scellées par la romanité chrétienne. Le détonateur de ces remous volcaniques en ce siècle furent la libération de la science avec ses découvertes et le commerce international etc. L'Europe s'émancipait religieusement.

Ce bouleversement allait faire naître de nouvelles puissances sur fond de christianisme. L'Europe et le Monde s'embrasaient dans des guerres mondiales.

La Rome chrétienne de l'empereur Constantin, reprise par tous les pouvoirs politiques de l'Europe, avait conquis la moitié du monde : l'Afrique, les Amériques, enfin ce que l'on appelle l'Occident. Le succès du christianisme fut total sur ce qu'il considérait païen. L'examen d'une carte du Monde le montre. Jésus n'a pas voulu de tels génocides. Le 20ième siècle fut l'apothéose de la victoire de cet Occident armé par le fer et par le sang.

Jésus est venu annoncer le Royaume des Cieux, alors que l'on annonçait régulièrement la fin du monde et l'apocalypse. Combien de fois ? L'imminence de cette fin des temps fait partie de la culture du Monde Occidental.

Le Christianisme est-il responsable de cette situation ? Jésus fut le «faire valoir» de cette soif de conquête. De nos jours, il s'avère que l'on ait retenu de la Tradition du Roi du monde seulement sa face obscure : *Samaël, Sâr Ôlam,* le génie du monde, le Prince de ce monde, au sens inférieur du terme. La face sombre et la fin des temps ou l'apocalypse restent toujours d'actualité. On craint pour la planète. Ces peurs qui stimulaient la soumission au Christianisme, stimulent de nos jours la soumission à un nouveau pouvoir mondial et à une philosophie nouvelle. L'emprise de la manifestation verticale de l'Absolu sur l'humanité est combattue par un égalitarisme horizontal et un alignement réducteur. L'Islam se présente comme la seule tradition authentique à présent. Enfin toutes ces traditions reposent sur des principes cosmologiques et universels, qui malheureusement, quand le pouvoir religieux reste subordonné au pouvoir politique, les applique à des fins essentiellement profanes.

Fin des chapitres

Postface

Les Douze Nuits de Noël

Elles résument symboliquement la reconstruction des douze mois de la nouvelle année, symbole du cycle nouveau ou du monde à venir. L'Épiphanie, comme son nom l'indique, marque la plénitude de l'évènement théophanique de la Nativité. L'Empereur de Chine, au Nouvel An, sortait de son palais du *Mi Tang* pour se rendre aux douze portes de la Cité Interdite. Il s'arrêtait devant chacune d'elle pour reconstruire symboliquement l'Univers.

Le nombre douze, comme les douze colonnes, les Douze maisons du ciel du zodiaque etc. sont le développement des quatre cycles principaux que nous retrouvons par les quatre bougies de la Couronne de l'Avent. Ces quatre périodes ou Dimanches se résorbent ainsi : $1+2+3+4=10$ soit Un.

Le temps conventionnel de douze nuits sépare Noël de l'Épiphanie, mais ne forme qu'une unité de temps. Ces nuits doivent être considérées hors du temps et de l'espace. Noël et l'Épiphanie ne forment qu'un seul et même message : celui de l'annonce d'une nouvelle humanité. Le monde orthodoxe fond l'Épiphanie et la Nativité en une seule et même solennité. L'Église Orientale ne fait donc pas mention de l'adoration des Mages, mais elle réunit ce mystère à celui de la Naissance du Sauveur dans ses Offices du jour de Noël.

A l'Épiphanie les Rois-Mages font leur entrée en scène. Cet évènement important apporte un nouveau souffle à la crèche et encouragera une nouvelle fois les enfants à venir admirer cette représentation. Ce second temps souligne la gravité de la mission de Jésus que l'épisode des Noces de Cana dévoile.

En résumé la période de l'Avent avec ses quatre cycles symbolise la progression du processus de résorption du temporel, alors que les Douze Nuits Saintes entre la Nativité et l'Épiphanie symbolisent l'espace à reconstruire : le monde intermédiaire. L'Épiphanie finalise cette période par la venue du Royaume : la théophanie du verbe transcendant les Trois Mondes.

On peut conclure que la reconstruction symbolique de l'univers et de ces douze piliers sont les signes d'une nouvelle humanité que représente Noël indissociablement lié à la venue des Trois-Mages : l'Épiphanie. La tradition étrusque avait programmé la fin de son existence, pour cette raison même, elle limita le nombre de ses villes à douze. Oserons-nous rapprocher les trois jours du solstice d'Hiver, passage symbolique entre deux humanités, aux trois jours annoncés par Jésus lors de l'épisode des marchands chassés du Temple, quand il s'adressa aux pharisiens par ces paroles : « *Détruisez ce Temple, je le reconstruirai en trois jours* ». Jésus par ces paroles annonçait la venue d'un « Nouveau Temple ».

Que sont devenus les Rois-Mages ?

Sur le plan civil, les « Rois-Mages » ont perdu leur place privilégiée, occultés par un Noël tapageur prolongé par un Nouvel-An planétaire. Celui-ci se déclare « Jour de la Paix » d'une nouvelle Humanité au lendemain du 31 Décembre devenu symbole de la fin d'un monde(?). Cette discrète nouveauté voudrait-elle écraser les Douze nuits de Noël et la Paix qu'ils annoncent en fait le 6 Janvier ?

Sur le plan liturgique, la célébration solennelle de la Fête des Rois, fériée et chômée jadis, est reportée au Dimanche suivant le 6 Janvier depuis le Concordat de 1802. Toutefois, les calendriers civil et liturgique romain maintiennent le 6 Janvier jour de fête des Rois Mages.

Le rituel très populaire de la « Galette des Rois » s'est maintenu jusqu'à ses dernières années pour des raisons commerciales. Il n'était pas sans rappeler le partage de l'Eucharistie, les convives levant la coupe de vin pétillant à la santé du roi éphémère élu par le sort.

Ce Concordat de 1802 entre le Pape Pie VII et Napoléon 1er, précise :

> « *Par suite de la Convention faite en 1801 entre Pie VII et le Gouvernement français, le légat Caprara procéda à une réduction des fêtes et la piété des fidèles en vit à regret, supprimer un grand nombre. Il y eut des solennités qui ne furent pas supprimées mais dont la célébration fut remise au Dimanche suivant. L'Épiphanie est de celles qui subirent ce sort ; et toutes les fois que le 6 janvier n'est pas un Dimanche, nos églises voient retarder jusqu'au Dimanche suivant les pompes qui accompagnent un si grand jour dans tout l'univers catholique. Espérons que des jours meilleurs luiront enfin sur notre Église, et qu'un avenir plus heureux nous rendra les joies dont la sage condescendance du Saint-Siège nous a sevrés pour un temps.* »

Or, en 1921, le Pape Benoît XV crée la fête de la Sainte Famille au Dimanche dans l'Octave de l'Epiphanie, c'est le Dimanche suivant le 6 Janvier. Ainsi la Fête des Rois sera-t-elle totalement occultée. Le décret de 1955 du Pape Pie XII, « *De rubricis ad simpliciorem formam redigendise* » est un véritable « toilettage » général de l'année liturgique. L'Épiphanie figurait parmi les fêtes cardinales chrétiennes, au même titre que Noël, Pâques, Ascension et Pentecôte sur lesquelles reposait l'économie de l'année liturgique. Don Guéranger rapporte encore :

> « *A la cour de France jusqu'à l'an 1378 et au-delà comme en fait foi le continuateur de Guillaume de Nangis, que le Roi très chrétien, venant à l'offrande, présentât de l'or, de l'encens et de la myrrhe, comme un tribut à l'Emmanuel.* »

Mais cette représentation des trois présents mystiques des Mages n'était pas seulement usitée à la cour des rois : la piété des fidèles au Moyen-âge le présentaient aussi au Prêtre pour qu'il les bénît, en la Fête de l'Épiphanie, l'or, l'encens et la myrrhe que l'on conservait en l'honneur des trois Rois. Il s'agissait de signes touchants de la dévotion des fidèles envers le Fils de Marie, comme un gage de bénédiction pour les maisons et pour les familles. Cet usage s'est maintenu encore dans quelques diocèses d'Allemagne et n'a pas disparu du rituel romain avant 1970. En effet afin de mettre en conformité le Missel Romain, Paul VI supprima plusieurs bénédictions sous prétexte que la piété des fidèles ne les réclamait plus que rarement.

Un autre usage a subsisté plus longtemps, inspiré aussi par la piété naïve d'antan. Pour honorer la royauté des Mages venus de l'Orient vers l'Enfant de Bethléem on élisait au sort dans chaque famille un Roi pour cette fête de l'Épiphanie. Dans un festin animé d'une joie pure et qui rappelait celui des Noces de Cana en Galilée on rompait un gâteau ; et l'une des parts servait à désigner le convive auquel était échu cette royauté d'un moment. Deux portions du gâteau étaient détachées pour être offertes à l'Enfant-Jésus et à Marie en la personne des pauvres, qui se réjouissaient aussi en ce jour du triomphe du Roi humble et pauvre. Les joies de la famille se confondaient encore une fois avec celles de la religion ; les liens de la nature, de l'amitié, du voisinage, se resserraient autour de cette table des Rois ; et si la faiblesse humaine pouvait apparaître quelquefois dans l'abandon d'un festin, l'idée chrétienne n'était pas loin et veillait au fond des cœurs.

Les plus anciens liens en rapport avec cette tradition orientale, par l'hommage des Rois-Mages à l'enfant Jésus en tant que Roi de toutes les nations, c'est à dire Roi du Monde, prêtre et roi selon l'ordre de Melchisédech (Ps 110), sont totalement occultés.

Le déclassement des Rois-Mages

La venue des Mages, fêtée jadis avec faste le 6 Janvier, jour de l'Épiphanie, relevait d'une grande solennité au point que certains pays comme l'Espagne lui accordait plus d'importance que Noël. Suivie d'une octave, elle se caractérisait par un faste particulier dans la liturgie, faste qu'elle semble avoir quelque peu perdu de nos jours. De par sa classe, elle possédait, avant les premières réformes liturgiques de 1956, une vigile, c'est à dire une veillée comme le soir de Noël. D'autres fêtes faisant encore l'objet de vigiles furent supprimées bien avant 1956 : la Saint Michel le 29 Septembre, la Saint Martin le 11 Novembre, la Saint Lambert le 17 Septembre etc.

L'Eglise d'aujourd'hui reste bien discrète à propos de ces remaniements liturgiques. Si nous ne vivions pas dans une société de grande consommation où chaque jour est l'occasion de fêter en l'honneur d'un bon saint, d'un anniversaire ou d'un évènement sportif et même pou n'importe quel autre prétexte, nos bons Rois Mages, comme on les nomme encore, auraient pu disparaître de nos mémoires bien avant. Et, phénomène des temps modernes, l'inflation de nouvelles fêtes civiles, laïques, sportives, humanitaires et planétaires, submergent les autres fêtes religieuses porteuses de tradition. La galette des rois, comme d'autres symboles, œufs de Pâques, arbres de Noël etc... perdurent malgré tout, encore que .... Paradoxalement leur maintien «folklorique», détaché de leur tradition d'origine est le signe de la dégénérescence de la tradition qu'elles illustraient. La fête permanente que vivent nos sociétés modernes occidentales diluent toutes les petites traditions et coutumes qui marquaient la vie du monde chrétien.

En parcourant rapidement l'histoire de la liturgie chrétienne, on constate que nos Rois-Mages ont totalement fait place à Noël et de ce fait cette grande fête de la Nativité de Jésus est devenue le summum de la consommation. Mais cela ne justifie pas les véritables raisons de la retraite discrète de ces personnages, souhaitées par l'Église même.

La symbolique des cadeaux offerts à l'enfant-Jésus par ces Rois Mages fut le signe d'un lien aujourd'hui disparu entre le Christianisme et la Tradition première, tronc commun à toutes les authentiques traditions, exprimées diversement chez chacune d'elle sous forme de pratiques propres. Melchisédech, Prêtre et Roi de Paix et de Justice universelle, représente le trait d'union de toutes les religions monothéistes.

Or c'est bien cet aspect que le Christianisme d'aujourd'hui a évacué peu à peu. Les monuments chrétiens, les églises et les cathédrales témoignent toujours de cet ésotérisme chrétien et florissant du Moyen-âge. En effet, comme le cardinal Ratzinger, devenu Pape entre temps, a déclaré, par ses décrets, Vatican II se situe dans la droite ligne des encycliques sociales du pape Jean XXIII (1958-1963) et a scellé la fin du Moyen-âge voir la fin de l'ère constantinienne. Au moins c'est clair!

Après les fêtes de fin d'année, la fête des Rois apparaît comme un dernier verre rafraichissant après les longues soirées fêtées à table et les orgies de cadeaux. Mais là n'est pas la raison du déclin de la fête des Rois. Beaucoup de raisons sont à l'origine de cette situation. Priorité est donnée à Noël pour des raisons historiques qui remontent au début de l'Église romaine. Le fait de fêter les anniversaires de naissance donne priorité à l'évènement de la vie humaine, ce qui nous paraît à priori bien normal, encore qu'un fait religieux rappelle les fins dernières, absentes chez les chrétiens ce jour-là : par exemple la naissance du Christ projette la fête de Pâques. D'autres raisons politiques datant de l'époque révolutionnaire tel que le Concordat sont à l'origine du silence des cloches le 6 janvier, fête des Rois, rappelant l'ancien régime. Penserons-nous que Noël sur le plan spirituel ait plus d'importance que l'Épiphanie ? Nous venons de l'écrire, les deux fêtes sont un tout.

*

Achevé de rédiger au dernier Dimanche de l'Avent 2022.

Ouvrages Consultés

Pour réaliser le présent ouvrage l'auteur a consulté les ouvrages listés ci-après et plus particulièrement les suivants :

Adolf Erman et Hermann Ranke La civilisation égyptienne – Payot.

Alain Rey Le Robert Dictionnaire Historique de la Langue Française.

Ânandâ K. Coomaraswamy La Porte du Ciel Essais sur la métaphysique de l'architecture traditionnelle Dervy 2008.

Benoît de Jorna La Nouvelle Religion de Vatican II.

Bruno Hapel dans René Guénon et le Roi du Monde.

Chanoine Crampon La Sainte Bible Desclée et Cie 1938.

Charles-André Gilis La Doctrine initiatique du Pèlerinage Al-Bustane Paris – 1994.

Charles-André Gilis La Papauté contre l'Islam Genèse d'une dérive Le Turban Noir 2007.

Charles-André Gilis Tahwîd et Ikhlâs Le Turban Noir.

Charles-André Gilis le Mîm le Wâw et le Nûn Éditions Albouraq.

Charles-André Gilis - Qâf et les mystère du Coran Glorieux.

Clémens Brentano Les Mystères de l'ancienne alliance.

Texte intégral des révélations de la Bienheureuse Anne Catherine Emmerich recueilli, traduit et présenté par Jean-Joachim Bouflet Librairie Téqui 82, rue Bonaparte 75006 PARIS.

Courrier de Rome de Décembre 2021.

Dictionnaire Historique de la Langue Française.

Dictionnaire Gaffiot Latin-Français 1934.

Daniel Boyarin La Partition du Judaïsme et du Christianisme Cerf 2011.

Frithjof Schuon Les Mystères Christiques Dossier H.

FSSPX Le Problème de la réforme liturgique Clovis.

Graff (Abbé) Cérémonie de la liturgie de l'Épiphanie.

Grand Missel-Rituel et Vespéral Chanoine Crampon, Éditons DFT, conformément aux décrets de la Sacrée Congrégation des Rites 1955 et 1962.

J. Bleichsteiner dans l'Église Jaune chez Payot 1950.

Jacob Neusner Un rabbin parle avec Jésus.

Jean Borella Le Sens du Surnaturel La Place Royale 1986.

Jean Robin René Guénon ou la dernière chance de l'Occident Guy Trédaniel 1983.

Jean Tourniac Melchisédech et la Tradition Primordiale Dervy.

Josef Ratzinger Benoît XVI Tome 1 2007 Flammarion Jésus de Nazareth.

Josef Ratzinger Benoît XVI Tome 2 2011 Rocher Jésus de Nazareth.

Josef Ratzinger Benoît XVI Tome 3 2012 Rocher Jésus de Nazareth.

La Liturgie Clovis 2004.

Malek Chebel Dictionnaire des symboles musulmans. Hautecombe-Clervaux – Éditions Brépols Paris 1975.

Nicolas Boon Au cœur de l'Écriture Dervy Livres.

Paul Veyne Quand notre monde est devenu chrétien (312-394) Albin Michel.

Paul-Georges Sansonnetti Graal et Alchimie « Graal et Alchimie Berg International éditeur 1993.
Psautier Latin-Français du bréviaire monastique Société St-Jean l'Évangéliste Desclée et Cie. 1938.
Regnabit L'iconographie ancienne du cœur de Jésus 1923.
René Guénon L'Ésotérisme de Dante Gallimard.
René Guénon L'homme et son devenir selon le Vêdânta - Éditions Traditionnelles.
René Guénon dans les Cahiers de l'Herne - 1985 dans l'article de Denys Roman Les cinq «rencontres de Pierre et de Jean.
René Guénon Symbole de la science sacrée Gallimard.
René Guénon Aperçu sur l'Ésotérisme Chrétien Éditions Traditionnelles.
René Guénon Le Règne de la Quantité et le Signe des Temps Gallimard.
René Guénon Le Roi du Monde Gallimard.
René Guénon dans Royauté et Pontificat.
René Guénon le Symbolisme de la Croix.
Robert Ambelain Dans l'Ombre des Cathédrales Éditions Bussières.
Simon Claude Mimouni Introduction à l'histoire des origines du christianisme Bayard – 2019.
Simon Claude Mimouni Jacques Le Juste Frère de Jésus de Nazareth – Bayard 2015.
Simon Claude Mimouni Pierre Maraval Le christianisme des Origines à Constantin Puf 2018.
Tertullien – Contre Marcion Cerf 1994.

*

Découvrez les tomes précédents de la Collection de l'Aubépine
Sur https://www.bod.fr/librairie/

1. La Spirale des Cycles - De la Genèse au Monde Moderne. BOD 2022.

2. La Spirale et l'Absolu - Pèlerinages, médiations, miracles et influences spirituelles dans les trois religions monothéistes. BOD 2022.

3. La Spirale et la Dame du Verger - Saint Bernard et la Médiation Mariale - St Thomas-sur-Kyll (Trèves) Marienfloss (Sierck) - Marie en Islam . BOD 2022.

4. Introduction aux Paraboles de Jésus. Textes canoniques et apocryphes de Thomas. BOD 2022.

5. Les Rois Mages et les Trois Mondes. BOD 2022.

Tous ces ouvrages ont été réalisés sous l'inspiration de l'oeuvre de René Guénon.

*

René Guénon n'est pas une orientaliste, mais un métaphysicien français ayant épousé les doctrines métaphysiques orientales qu'il considérait universelles. Initié dans une voie initiatique de l'Islam sous le titre de *Cheikh 'Abd al Wâhid Yahya, son* œuvre à propos de l'hindouisme et de l'Islam est considérable. René Guénon né à Blois le 15 Novembre 1886 meurt au Caire en 1951. Il a laissé une œuvre de dix-sept ouvrages et une centaine d'articles et de recensions publiés dans diverses revues, notamment dans la revue catholique *Regnabit* et dans les *études Traditionnelles* (anciennement *Le Voile d'Isis*) dont il fut l'inspirateur depuis 1929. Il proposait à ses lecteurs soit d'adapter ces mêmes doctrines en restant toujours strictement fidèle à leur esprit. Il déclarait que celles-ci de nature essentiellement « non individuelle » étaient reliées à une connaissance supérieure directe et immédiate comme une intuition intellectuelle. Il a contribué en arabe à la revue *El Maarifâ* traduites dans plus de vingt langues. Son œuvre oppose les civilisations restées fidèles à l'esprit traditionnel, qui selon lui n'a plus de représentant authentique qu'en Orient, à l'ensemble de la civilisation moderne considérée comme déviée. Elle a modifié en profondeur la réception de l'ésotérisme en Occident dans la seconde moitié du 20 ième siècle.